ここからはじめよう！
くずし字・古文書入門

小林正博

潮新書
055

潮出版社

はじめに

世間では、「9割」という言葉が流行っています。『伝え方が9割』『才能が9割』などという書がベストセラーになり、それにあやかってか書籍やニュースのタイトルなどで、「○○が9割」というキャッチフレーズが氾濫《はんらん》しているようです。それにヒントを得たわけではありませんが、これだけ習得すれば近世文書の「9割」の解読に限りなく近づける古文書学習入門書を出版してみようと思い立ち、本書の編集作業を開始しました。

本書のタイトルに「ここからはじめよう！」とあるように、まず手はじめは「ひらがな」の読み書きからです。

最初の「覚えておきたいひらがな」には一四〇字のひらがなを載せました。ただし、この一四〇字は、私たちが知っている「あいうえお」などの現代ひらがなは一切含まれていません。

これらの「ひらがな」を読み書きできないと、古文書はほとんど読めません。逆に言えば、マスターすれば「ひらがなの9割」以上は読めるようになります。

「ひらがな」の次はもちろん「漢字」です。漢字は江戸時代と大きくは変わりませんから、安心してください。ただ、いわゆる旧字体で書かれている漢字が多くあります。これらは、昭和生まれの人には多少なじみがあると思います。

あとは「異体字」といって特殊な漢字がありますが、頻出《ひんしゅつ》するものはそう多くはありません。

本書では「覚えておきたい漢字」として三六〇字を掲載しています。特にくずしの字形に慣れるように繰り返し取り組んでください。

「覚えておきたいひらがな」「覚えておきたい漢字」には、それぞれ学んだ成果を確認するための問題を用意しました。

「ひらがな問題」一八〇問、「漢字熟語問題」一五〇問

「漢字ひらがな問題」基本編一〇〇問、応用編五〇問（合計一五〇問）

さらに、近世文書によく出てくる表現としての「常用表現問題」が八〇問、ある程度文

章になっている「一行問題」を五〇問収録しました。

問題編は、一度だけの学習で終えるのではなく、間違えた問題に繰り返し挑戦してください。できなかった問題を徐々に減らしていくことこそ解読力アップの近道です。

時間を相当掛けないと最後まで到達しませんが、それでもほとんど読めるようになれば、それこそ「古文書の解読率が９割」の域に到達したと、確信と自信が湧いてくるはずです。

本書の徹底学習を重ねられ、「古文書をスラスラ読める人！」と自他ともに認められる〝すごい人〟になられることを心よりご期待申し上げ、序文といたします。

令和五年六月十日

一般社団法人古文書解読検定協会代表理事　小林正博

潮出版社では、これまでに「くずし字・古文書」の学習シリーズ七冊を新書で出版しています。これらもぜひ活用していただければ幸いです。

『読めれば楽しい！古文書入門』　中級編
『これなら読める！くずし字・古文書入門』　基礎編
『書ければ読める！くずし字・古文書入門』　初級編
『いろはで学ぶ！くずし字・古文書入門』　初歩の初歩編
『解いて覚える！くずし字・古文書ドリル』　実践ドリル（初級から中級）
『楽しく学べる！くずし字・古文書パズル①』　パズル編第一弾（初級から中級）
『楽しく学べる！くずし字・古文書パズル②』　パズル編第二弾（初級から中級）

ここからはじめよう！くずし字・古文書入門◉目次

装丁／清水良洋（Malpu Design）

「古文書解読検定」について

本邦初の「古文書の解読検定」と銘打って、二〇一六年七月からスタートした検定試験です。三級・準二級・二級までが郵送形式の試験、準一級・一級は会場での試験になっています。

これまで、検定対策本として柏書房から『実力判定　古文書解読力』『誤読例に学ぶくずし字——古文書解読検定総復習』、宝島社から『読み書きで楽しく学ぶ　くずし字入門』、潮出版社からは本書を含め、『いろはで学ぶ！　くずし字・古文書入門』『解いて覚える！　くずし字・古文書ドリル』などの「くずし字・古文書シリーズ」八冊、合計十一冊を出版しています。

本検定の特徴は、合否はもちろん総合順位、問題別正解率、都道府県別合格者数などがわかることで、なかなか刺激的な試験になっており、開始以来七年で合格者は一二〇〇名を超えました。本検定に興味のある方は、古文書解読検定協会へおハガキまたは協会ホームページより「検定案内パンフ」をご請求ください（「古文書解読検定」で検索）。

おハガキでの検定案内パンフ請求先（郵便番号　ご住所　お名前・年齢を記入の上）

〒192-0082　八王子市東町6-8-202　古文書解読検定協会宛

覚えておきたいひらがな140

ここでは現代ひらがなを各ページの一番上に載せています。覚えていただきたいのは、現代ひらがなの下にある見慣れないひらがなです。

これらは「変体仮名」といいます。変体仮名は「書いて覚える」方法で、繰り返し書きながら身に付けていくのが有効です。

全部で一四〇字ありますが、これが読めるようになれば、江戸時代の古文書に書かれたひらがなは、ほぼ解読できます。がんばりましょう！

古文書学習の出発点は、やはり「ひらがな」のくずし字からです。次の①から⑧の画像をご覧ください。これは同じ文書に出てくるくずし字で、同じ人が書いたものです。「このうち同じ画像はどれでしょう」という問題ではありません。全部同じなのです。つまり、解読するとすべて「すくなき」となるのです。

①

②

③

④

⑤

⑥

⑦

⑧

実は「ここからはじめよう!」でまず学習する必要があるのが、これらの見慣れないひらがな（変体仮名＝現代ひらがなにはない字）なのです。それぞれの画像を解説してみましょう。

「すくな」は読めるもの

① …（き）は「起」を字母とする変体仮名で、（起）がくずされています。

※起（楷書体）→起（行書体）→（草書体）→（草仮名）

「字母」というのは、ひらがなの元になっている漢字のことで、これを楷書体→行書体→草書体→草仮名とどんどんくずしていくと「ひらがな」になります。ひらがなはすべて元になる漢字がくずされてできた字だということを心に留めておいてください。

この画像では「す」（寸）・「く」（久）・「な」（奈）・「き」（起）となります。

「すく」は読めるもの

② …（な）の字母は①と同じ「奈」ですが、字形が違います。

「くなき」は読めるもの

③ …（す）は「春」を字母とする変体仮名です。

「くな」は読めるもの

④ …「す」（春）・「き」（起）が読めれば解読できます。

「く」「き」が読めるもの

⑤…「な」（奈）の字形に注意してください。

⑥…（な）は「那」を字母とする変体仮名です。

「く」が読めるもの

⑦…（き）は「支」を字母とする変体仮名です。

「き」が読めるもの

⑧…（く）は「具」を字母とする変体仮名です。

このように、江戸時代以前の古文書ではたくさんの見慣れない「ひらがな」が出てきます。それでは本書のタイトル「ここからはじめよう!」は、「ひらがな」からのスタートです。次の「ひらがな一覧」をご覧ください。

一番上の字は現代でも使われているひらがなで、あいうえお順に配列しました。現代ひらがなも近世文書に多く使われていますが、覚えるべきはその下の変体仮名です。全部で一四〇字あります。元になっている漢字（字母）と併せて確認してください。

ひらがな一覧（あ行）

お	え	う	い	あ
於	衣	宇	以	安

於	江	宇	以	阿

		有	意	愛

ひらがな一覧（か行）

か	き	く	け	こ
加	幾	久	計	己
加	幾	久	遣	己
可	起	具	希	古
可	支		（気）氣	
可			（介）个	
閑				

ひらがな一覧（さ行）

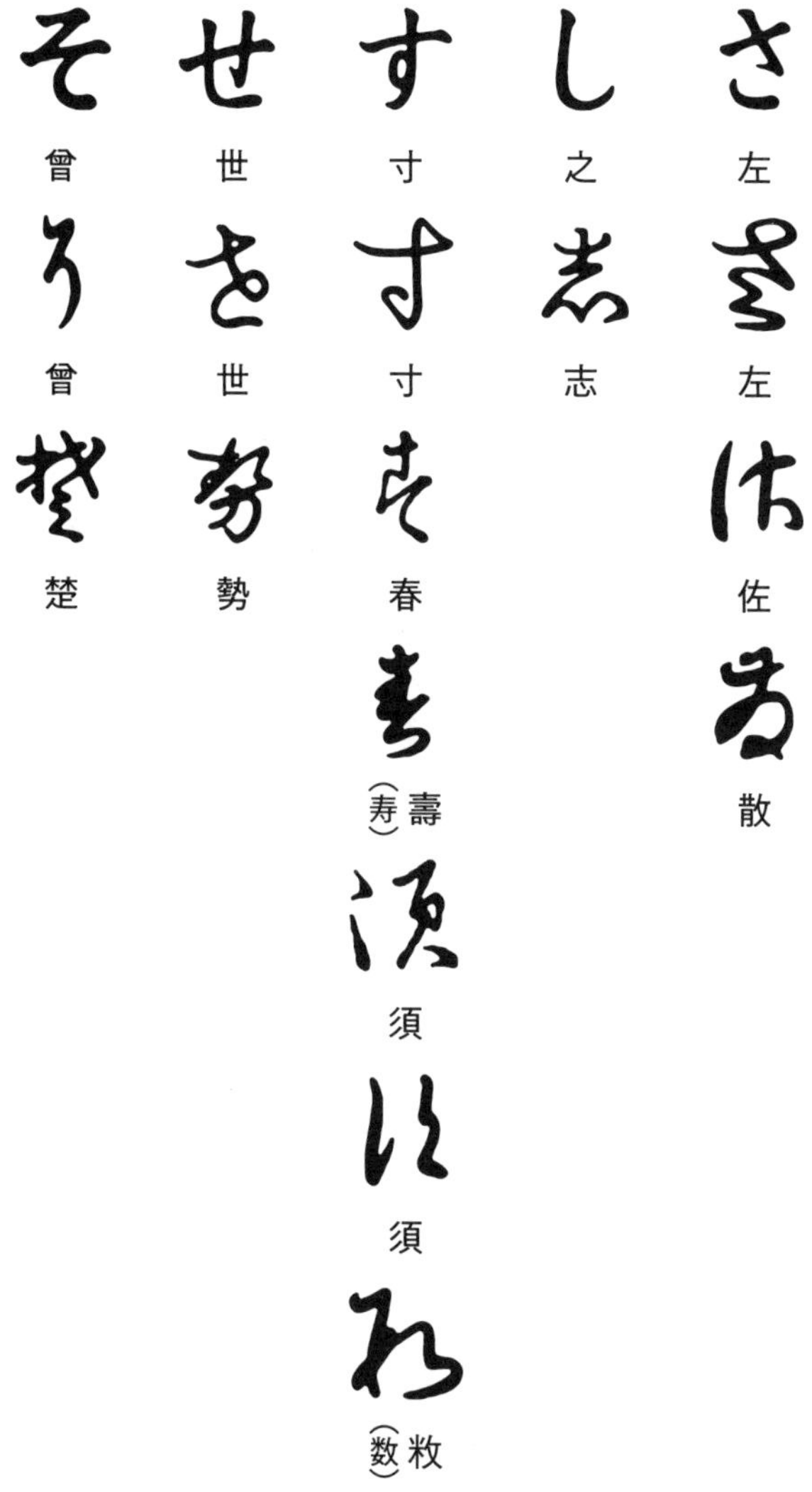

ひらがな一覧（た行）

た	ち	つ	て	と
太	知	川	天	止
多	知	川	天	登
多	知	徒	天	登
多		津	亭	
堂			帝	

ひらがな一覧（な行）

な	に	ぬ	ね	の
奈	仁	奴	祢	乃
奈	（爾）尔	奴	祢	乃
奈	（爾）尔	怒	子	能
奈	丹	努	年	農
那	耳		年	
南				

ひらがな一覧（は行）

ひらがな一覧（ま行）

も	め	む	み	ま
毛	女	武	美	末

毛	免	武	三	末

毛	馬	無	見	万

毛	妻	舞	身	満

裳				満

茂				

ひらがな一覧（や行）

や	ゆ	よ
也	由	与

屋	由	与

	遊	与

		代

ひらがな一覧（ら行）

ら	り	る	れ	ろ
良	利	留	礼	呂
良	利	留	禮	呂
良	利	留	連	路
羅	利	累		
	里	流		
	梨	類		
	理			

ひらがな一覧（わ行）

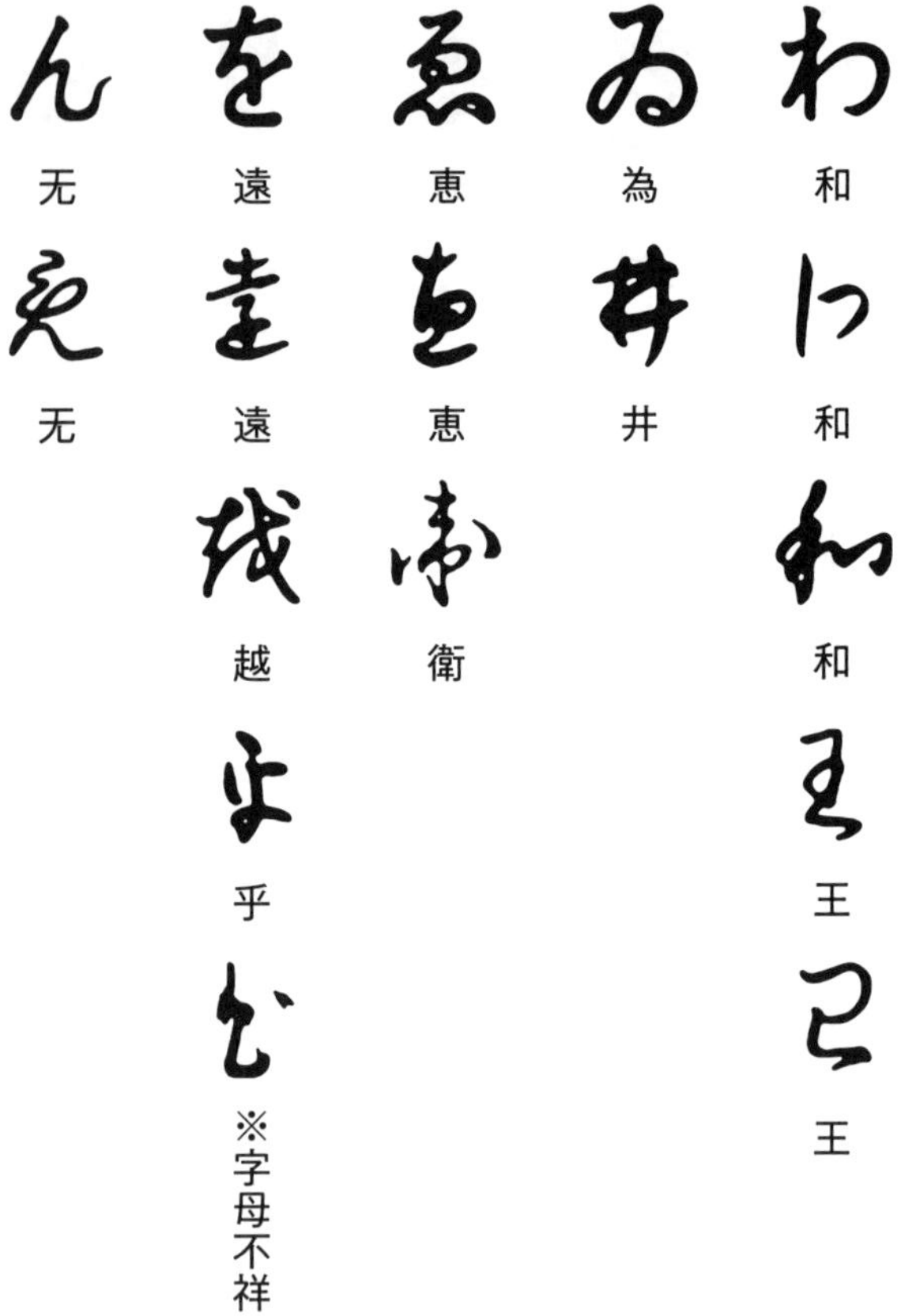

その他のひらがな①（合《ごう》字《じ》）

「合《ごう》字《じ》」とは二文字のひらがなが合体してできている特殊な字形です。

ゟ（より）…「よ」と「り」の合字。解読文ではそのまま「ゟ」と書きます。

（こと）…「こ」と「と」の合字。解読文では「こと」と書きます。

ヿ（こと）…「こと」の略字です。

〆（して・として）…「して」または「として」の略字です。文脈で判断しましょう。

※注意　〆は「しめ」と読む和製の漢字で、「〆」とくずされます。

その他のひらがな②（踊り字）

「踊り字」とは、ひらがなを繰り返す場合に用いられる記号のような字です。「畳字《じょうじ》」「送り字」「重ね字」ともいいます。解読する場合のルールを枠の中に整理しましたので確認してください。

〈例〉

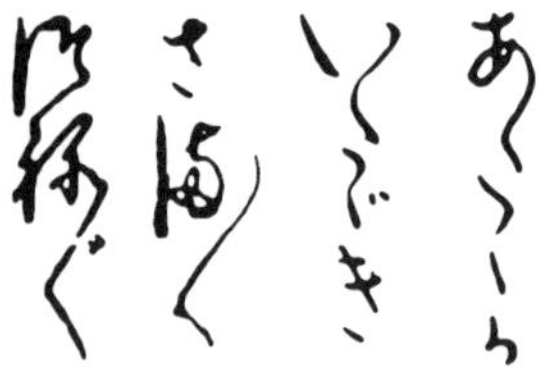

あたゝか（あたたか）

いたゞき（いただき）

さま〳〵（さまさま）

つね〴〵（つねづね）

踊り字解読上のルール

①ひらがなの場合
　一文字の場合「ゝ」
　濁点が付く場合「ゞ」

②カタカナの場合
　一文字の場合「ヽ」
　濁点が付く場合「ヾ」

③漢字の場合
　一文字の場合「々」

④二文字以上の場合「〳〵」

⑤濁点付き二文字以上の場合「〴〵」

ひらがな問題180

ここでは、ひらがなを読む問題を用意しました。前章の「覚えておきたいひらがな」で、学んだ成果が問われます。①〜⑱まで一〇問ずつ、合計一八〇問あります。①〜③は変体仮名が一文字の問題、④〜⑩は二文字、⑪〜⑮は三文字、⑯は四文字、そして⑰は全部が変体仮名の問題です。最後の⑱は合字・踊り字の問題です。

解答では変体仮名の字は太字で示しました。見開きで右は問題、左は解答になっていますので、解読しながら左ページで答え合わせをして、どの字を間違えていたのかしっかり確認してください。解読のポイントも、ひらがなマスターの上で参考になりますから、確認しておいてください。

ひらがな問題① 1文字が変体仮名

次のひらがなのくずし字を解読してください。

(1)

(2)

(3)

(4)

(5)

(6)

(7)

(8)

(9)

(10)

解答とポイント

※太字が変体仮名の部分です

(1)

あ**わ**せ

(2)

さとらじ

(3)

のゝしる

(4)

ひと**つ**

(5)

あ**た**へ

(6)

き**か**しめよ

(7)

しのひ

(8)

にくむ

(9)

はやき

(10)

よ**つ**て

▶解読のポイント

(3) の「ゝ」は同じ字を繰り返す踊り字です（26、31 ページ参照）。
(10) の「よつて」は現代表記なら「よって」ですが、近世以前は促《そく》音《おん》便《びん》の「つ」は小さくならないので注意が必要です。

ひらがな問題② 1文字が変体仮名

次のひらがなのくずし字を解読してください。

(1)

(2)

(3)

(4)

(5)

(6)

(7)

(8)

(9)

(10)

解答とポイント

※太字が変体仮名の部分です

(1)

た**く**さん

(2)

いま**だ**

(3)

か**く**れ

(4)

したしく

(5)

みか**ね**て

(6)

く**だ**け

(7)

こゝろ

(8)

すゝ**み**

(9)

あきれ**は**てゝ

(10)

つゝしめ

▶解読のポイント

（7）〜（10）には踊り字が使われています。ひらがなの繰り返しは「ゝ」、カタカナの繰り返しは「ヽ」、漢字の繰り返しは「々」となるのでしっかり覚えてください。

ひらがな問題③ 1文字が変体仮名

次のひらがなのくずし字を解読してください。

(1)

(2)

(3)

(4)

(5)

(6)

(7)

(8)

(9)

(10)

解答とポイント

※太字が変体仮名の部分です

(1)

あやうき

(2)

あつ**め**

(3)

ざい**ほ**う

(4)

いとお**か**し

(5)

ありさ**ま**

(6)

こたつ

(7)

ま**こ**と

(8)

たとひ

(9)

い**か**り

(10)

い**つ**たん

▶解読のポイント

「まこと」の「こと」は  になっています。これは「合字」(25ページ参照)です。「こ」の部分が「つ」と書かれ、下部が略されています。

ひらがな問題④　2文字が変体仮名

次のひらがなのくずし字を解読してください。

(1)

(2)

(3)

(4)

(5)

(6)

(7)

(8)

(9)

(10)

解答とポイント

※太字が変体仮名の部分です

(1)

ねがひ

(2)

おのつ**か**ら

(3)

い**つれ**

(4)

わけ**も**なく

(5)

つけた**る**

(6)

た**がは**ぬ

(7)

あたへん

(8)

さ**て**こ**そ**

(9)

た**ちた**る

(10)

おもしろし

▶解読のポイント

たは「お」(字母は「於」)ですが、見た目からは「た」に見えるので注意してください。また、「ね」「れ」「わ」「つ」「そ」のくずしは早めにマスターしましょう。

ひらがな問題⑤ 2文字が変体仮名

次のひらがなのくずし字を解読してください。

(1)

(2)

(3)

(4)

(5)

(6)

(7)

(8)

(9)

(10)

解答とポイント

※太字が変体仮名の部分です

(1)

た**らず**

(2)

ふまへ**す**

(3)

う**たか**ひ

(4)

しはられぬ

(5)

いつ**れに**

(6)

か**た**ど**り**

(7)

おもふへし

(8)

う**たか**ふ

(9)

は**からす**
して

(10)

いさ**き**
よから**す**

▶解読のポイント

「たらず」「かたどり」は「ず」「ど」のように濁点が付いていますが、残りは濁点がついていません。近世以前の文書では濁点が付かないので注意してください。

ひらがな問題⑥ 2文字が変体仮名

次のひらがなのくずし字を解読してください。

(1)

(2)

(3)

(4)

(5)

(6)

(7)

(8)

(9)

(10)

解答とポイント

※太字が変体仮名の部分です

(1)

はさ**み**

(2)

あ**た**ゝ**か**

(3)

さい**わい**

(4)

たがひ

(5)

い**まだ**

(6)

おなし

(7)

おと**り**

(8)

い**か**さ**ま**

(9)

しり**ぞく**

(10)

う**ゑに**て

▶解読のポイント

「はさみ」の「み」は漢数字の「三」を字母としていますので、本書では「はさミ」と書くのではなく、「はさみ」として解読しています。

ひらがな問題⑦ 2文字が変体仮名

次のひらがなのくずし字を解読してください。

(1)

(2)

(3)

(4)

(5)

(6)

(7)

(8)

(9)

(10)

解答とポイント

※太字が変体仮名の部分です

(1)

かけたる

(2)

ひそ**かに**

(3)

のたもふ

(4)

あわ**れ**み

(5)

よ**める**

(6)

う**け**し**も**の

(7)

い**かに**も

(8)

た**わ**む**れ**

(9)

あり**かた**き

(10)

よ**は**くて**は**

▶解読のポイント

注意すべき変体仮名として（け※字母は「希」）があります。これは（ふ※字母は「布」）との区別ができるようにしてください。上の部分が違います。

ひらがな問題⑧ 2文字が変体仮名

次のひらがなのくずし字を解読してください。

(1)

(2)

(3)

(4)

(5)

(6)

(7)

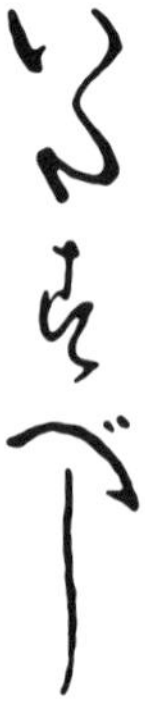

(8)

(9)

(10)

解答とポイント

※太字が変体仮名の部分です

(1)

まこと

(2)

しかし

(3)

かへ**す**

(4)

い**た**め**り**

(5)

わ**かさ**

(6)

おほく

(7)

い**たす**べし

(8)

すぐ**れ**

(9)

わつ**か**

(10)

つよ**き**

▶解読のポイント

(5)の「わかさ」の「さ」と(10)の「つよき」の「つ」の違いはしっかり押さえてください。「さ」（※字母は「佐」）、「つ」（※字母は「徒」）の違いです。

ひらがな問題⑨ 2文字が変体仮名

次のひらがなのくずし字を解読してください。

(1)

(2)

(3)

(4)

(5)

(6)

(7)

(8)

(9)

(10)

解答とポイント

※太字が変体仮名の部分です

(1)

たよ**りな**し

(2)

ざうさ**もなく**

(3)

よろこ**ばせ**

(4)

おほしめし

(5)

おそらく

(6)

は**たらか**す

(7)

に**きり**

(8)

おと**な**

(9)

わかき

(10)

わきまへ

▶解読のポイント

(1)の「たよりなし」の「な」は完全に「る」に見えます。また(5)の「おそらく」の「そ」は「ろ」に見えます。「な」と「る」、「そ」と「ろ」の違いに慣れてください。

ひらがな問題⑩　2文字が変体仮名

次のひらがなのくずし字を解読してください。

(1)

(2)

(3)

(4)

(5)

(6)

(7)

(8)

(9)

(10)

解答とポイント

※太字が変体仮名の部分です

(1)

つと**め**

(2)

のぼ**る**

(3)

しら**ず**

(4)

そねみ

(5)

とられた**る**

(6)

け**は**し**き**

(7)

よろこび

(8)

こともあらん

(9)

そこ**な**ひ

(10)

たし**か**に

▶解読のポイント

ここでのくずし字には、①〜⑨までとは字形が違う変体仮名が多くあります。読めなかったひらがなは、何回も確認してください。

ひらがな問題⑪ 3文字が変体仮名

次のひらがなのくずし字を解読してください。

(1)

(2)

(3)

(4)

(5)

(6)

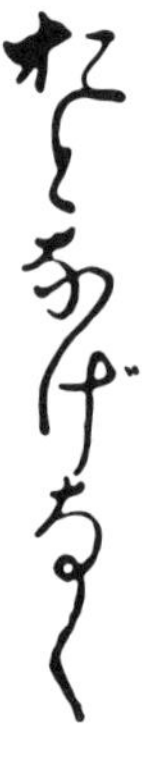

(7)

(8)

(9)

(10)

解答とポイント

※太字が変体仮名の部分です

(1)

ひ**かれて**

(2)

もの**かな**

(3)

さるべ**き**

(4)

わらひ**ける**

(5)

な**きも**の**そ**

(6)

おと**な**げ**な**く

(7)

なけれ**バ**

(8)

あ**たわず**

(9)

おこ**がま**し

(10)

かろ**けれハ**

▶解読のポイント

(5) と (10) から「そ」と「ろ」の違いをつかんでください。終筆のふくらみがないのは「そ」、あるのは「ろ」です。(7) の「バ」と (10) の「ハ」は、字母は「八」ですが、助詞の「者」と区別するので、本書では解読の際に「ハ」とします。

ひらがな問題⑫ 3文字が変体仮名

次のひらがなのくずし字を解読してください。

(1)

(2)

(3)

(4)

(5)

(6)

(7)

(8)

(9)

(10)

解答とポイント

※太字が変体仮名の部分です

(1)

ぬ**かみそ**

(2)

い**かにも**

(3)

したがひ

(4)

おこがましく

(5)

さがり**け**る

(6)

へからす

(7)

か**はりたる**

(8)

かぞへら**れず**

(9)

つかハされ

(10)

かなへ**り**

▶解読のポイント

ここではいろいろな「か」のくずしを確認してください。(1)～(5)の「か」はカタカナの「ク」に似ていますね。(1)の「ぬかみそ」は読めましたか。

ひらがな問題⑬ 3文字が変体仮名

次のひらがなのくずし字を解読してください。

(1)

(2)

(3)

(4)

(5)

(6)

(7)

(8)

(9)

(10)

解答とポイント

※太字が変体仮名の部分です

(1)

けれと**も**

(2)

なけれ**バ**

(3)

おもへ**り**

(4)

おそ**る**べ**き**

(5)

なきなり

(6)

なけれ**バ**

(7)

せ**まり**た**る**

(8)

ま**つれる**

(9)

いへ**るなり**

(10)

め**てたき**

▶解読のポイント

まず「け」（字母は「介」）のくずしに慣れてください。その他、字母が「里」の「り」、「利」の「り」、「流」の「る」、「奈」の「な」はマスターしてください。

ひらがな問題⑭ 3文字が変体仮名

次のひらがなのくずし字を解読してください。

(1)

(2)

(3)

(4)

(5)

(6)

(7)

(8)

(9)

(10)

解答とポイント

※太字が変体仮名の部分です

(1)

にぎ**ハゐに**

(2)

ふ**ゑけ**れ**バ**

(3)

ねん**ころ**

(4)

うし**なはず**

(5)

おろ**かに**

(6)

もの**な**れ**は**

(7)

つ**け**ぬ**にも**

(8)

い**かなる**

(9)

もちゆ**べ**き

(10)

ゆるかせ

▶解読のポイント

(1) のと (2) のはそれぞれ「わ行」の「ゐ」と「ゑ」のくずし字です。どちらもそのまま表記します。(10) の「ゆ」は「遊」を字母とする変体仮名です。

ひらがな問題⑮ 3文字が変体仮名

次のひらがなのくずし字を解読してください。

(1)

(2)

(3)

(4)

(5)

(6)

(7)

(8)

(9)

(10)

解答とポイント

※太字が変体仮名の部分です

(1)

ひかれ**て**

(2)

ま**ね**を**して**

(3)

いひ**かたき**

(4)

もらひ**たる**

(5)

のべ**がた**し

(6)

おもふべ**き**

(7)

なけれ**バ**

(8)

い丶**ながら**

(9)

の**たも**ふ**ハ**

(10)

あや**うき**
もの

▶解読のポイント

(1) ～ (4) にある字母が「飛」の「ひ」､「祢」の「ね」､「多」の「た」､「幾」の「き」､「堂」の「た」は、時々出てくるので要注意です。

ひらがな問題⑯ 4文字が変体仮名

次のひらがなのくずし字を解読してください。

(1)

(2)

(3)

(4)

(5)

(6)

(7)

(8)

(9)

(10)

解答とポイント

※太字が変体仮名の部分です

(1)

なにヽ**ても**

(2)

か**なしばり**

(3)

はたら**かず**

(4)

なにを
せう**こに**

(5)

はかり
がたく

(6)

なりがたく

(7)

おもん
ばかり

(8)

ならし
けるに

(9)

ものを
もたせ

(10)

おほく
もと**め**

▶解読のポイント

それぞれ変体仮名が４文字ある問題です。これらが読めれば相当実力がついています。

ひらがな問題⑰ すべて変体仮名

次のひらがなのくずし字を解読してください。

(1)

(2)

(3)

(4)

(5)

(6)

(7)

(8)

(9)

(10)

解答とポイント

※太字が変体仮名の部分です

(1)

おほけれ

(2)

はなれ

(3)

ねばり

(4)

つゐに

(5)

わかれ

(6)

さかな

(7)

たがはす

(8)

はなハだ

(9)

かなはぬ

(10)

たがハす

▶解読のポイント

すべて変体仮名で書かれている問題です。読めなかったくずし字は覚えてください。

ひらがな問題⑱ 合字・踊り字など

次のひらがなのくずし字を解読してください。

(1)

(2)

(3)

(4)

(5)

(6)

(7)

(8)

(9)

(10)

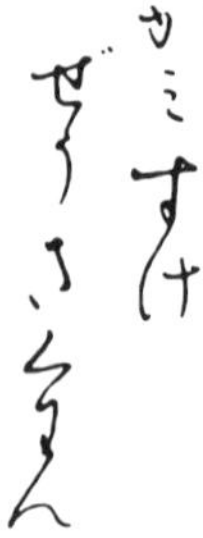

解答とポイント

※太字が変体仮名の部分です

(1)

こと**なり**

(2)

こと**なり**

(3)

こ**ま**〳〵

(4)

さ**ま**〳〵

(5)

つ**ね**〳〵

おもひ

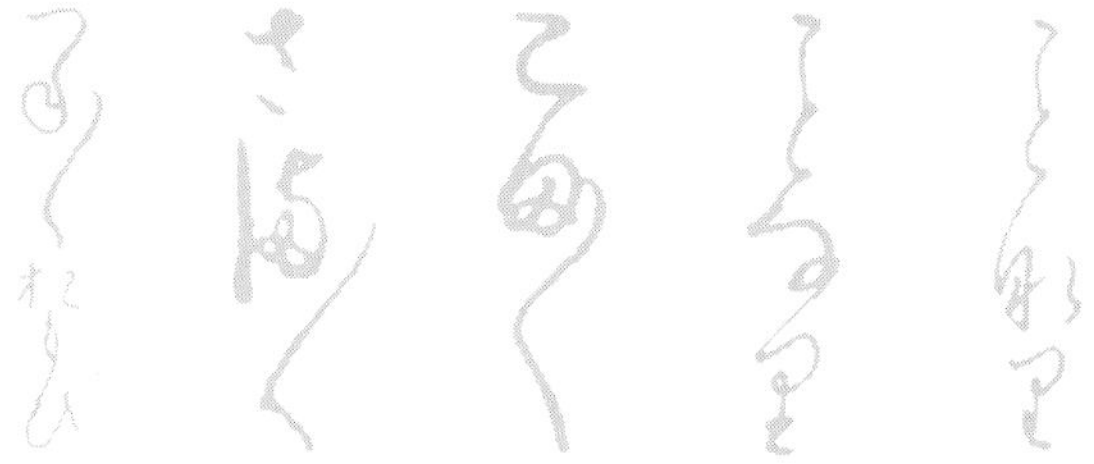

(6)

つね〴〵

(7)

い**た**ゞき

(8)

ひらかな

(9)

ら**りるれろ**

(10)

か**み**すけ

ぜう

さく**わ**ん

▶解読のポイント

いろいろな踊り字をマスターしてください。(10) は四《し》等《とう》官《かん》といって律令制における官僚の４つの官職のことです。詳しくは次のページに解説があります。

覚えておきたい知識

●律令制度では中央の役所には、二官（太政官《だいじょうかん》・神祇官《じんぎかん》）、八省（中務省《なかつかさのしょう》・式部省《しきぶのしょう》・治部省《じぶのしょう》・民部省《みんぶのしょう》・兵部省《ひょうぶのしょう》・刑部《ぎょうぶの》省《しょう》・大蔵省《おおくらのしょう》・宮内省《くないのしょう》）、一台（弾正台《だんじょうだい》）、五衛府（衛門府・左右兵衛府・左右衛士府）という省庁があり、また地方では66の国（今の県に相当）がありました。

それぞれの官庁・国では「かみ・すけ・じょう・さかん」の四階級を設けていました。やっかいなのは、以下の表のように読み方は同じですが、役所ごとに違った漢字を用いていることです。

役所	長官（かみ）	次官（すけ）	判官（じょう）	主典（さかん）
八省	卿	輔	丞	録
弾正台	尹	弼	忠	疏
五衛府	督	佐	尉	志
国	守	介	掾	目

●なおこれらは「官職」といい、別に「位階」も設けられていました。「官職」と「位階」を合わせて「官位」といいます。官位相当といって、官職と位階はそれぞれ対応しています。

たとえば平清盛の最終官位は従一位《じゅいちい》太政大臣、源頼朝は正二位征夷大将軍《せいいたいしょうぐん》でした。

覚えておきたい漢字360

ひらがな編の次は、漢字編です。

ここでは江戸時代の文書には必ず出てくるといっていい「頻出漢字」「準頻出漢字」をはじめ、「似たくずし」「旧字」「異体字」「比べながら覚える」「覚えにくい漢字」など、種類別に二〇字ずつの問題が一八題で計三六〇字（何字か重複しています）を載せています。

この章に出てくる漢字を繰り返し学習し、前章の「ひらがな」と合わせて解読力が身に付けば、近世文書はかなり読めるようになるはずです。

覚えておきたい漢字①

頻出漢字1

(1)

(2)

(3)

(4)

(5)

(6)

(7)

(8)

(9)

(10)

(11)

(12)

(13)

(14)

(15)

(16)

(17)

(18)

(19)

(20)

解答

よく見られる表現も一緒に確認しましょう。

(1)

被

(2)

成

(3)

下

(4)

候

(5)

様

⇒「成し下され（被）候様」

(6)

可

(7)

相

(8)

守

(9)

事

(10)

也

⇒「相守るべき事也」

(11)

右

(12)

之

(13)

通

(14)

以

(15)

書

(16)

付

(17)

乍

(18)

恐

(19)

申

(20)

上

⇒「右の通り書付《かきつけ》を以て恐れなが（乍）ら申し上げ」

覚えておきたい漢字②

頻出漢字 2

(1)

(2)

(3)

(4)

(5)

(6)

(7)

(8)

(9)

(10)

(11)

(12)

(13)

(14)

(15)

(16)

(17)

(18)

(19)

(20)

解答

よく見られる表現も一緒に確認しましょう。

(1) 不
(2) 存
(3) 知
(4) 此
(5) 旨
(6) 者

⇒「此の旨を存知《ぞんち》せざる(不)者」

(7) 其
(8) 為

⇒「其の為」

(9) 仰
(10) 渡

⇒「仰せ渡す」

(11) 有
(12) 難

⇒「有り難く」

(13) 奉
(14) 願

⇒「願い奉る」

(15) 罷
(16) 在

⇒「罷《まか》り在り」

(17) 仕
(18) 間
(19) 敷
(20) 儀

⇒「仕《つかまつ》り間敷《まじき》儀」

覚えておきたい漢字③

頻出漢字 3

(1)

(2)

(3)

(4)

(5)

(6)

(7)

(8)

(9)

(10)

(11)

(12)

(13)

(14)

(15)

(16)

(17)

(18)

(19)

(20)

解　答

よく見られる表現も一緒に確認しましょう。

(1)

無
(2)

御
(3)

座
(4)

坐

⇒「御座（坐）無く」

(5)

出
(6)

来

⇒「出来《しゅったい》」

(7)

給
(8)

由

⇒「給う由」

(9)

心
(10)

得

⇒「心得」

(11)

思
(12)

召

⇒「思し召し」

(13)

如
(14)

件

⇒「件《くだん》の如《ごと》し」

(15)

差
(16)

上

⇒「差し上げ」

(17)

実
(18)

正

⇒「実正」

(19)

是
(20)

段

⇒「是の段」

覚えておきたい漢字④

一部分がそっくりな漢字1

▼に着目

(1)

(2)

(3)

(4)

(5)

▼「、」に着目

(6)

(7)

(8)

(9)

(10)

▼に着目

(11)

(12)

(13)

(14)

(15)

▼に着目

(16)

(17)

(18)

(19)

(20)

解答

▼に着目

(1)

両

(2)

備

(3)

多

(4)

留

(5)

帰

▼「、」に着目

(6)

印

(7)

仰

(8)

神

(9)

外

(10)

少

▼に着目

(11)

北

(12)

背

(13)

輩

(14)

品

(15)

所

▼に着目

(16)

半

(17)

奉

(18)

幸

(19)

拝

(20)

（解）鮮

覚えておきたい漢字⑤

一部分がそっくりな漢字２

▼下部がＺ

(1)

(2)

(3)

(4)

(5)

▼「寸」のくずし

(6)

(7)

(8)

(9)

(10)

▼「成」を基本に

(11)

(12)

(13)

(14)

(15)

▼「ツ」に見える

(16)

(17)

(18)

(19)

(20)

解答

▼下部がZ

(1)

登

(2)

豊

(3)

具

(4)

貴

(5)

差

▼「寸」のくずし

(6)

寺

(7)

待

(8)

守

(9)

専

(10)

尊

▼「成」を基本に

(11)

成

(12)

来

(13)

城

(14)

我

(15)

家

▼「ツ」に見える

(16)

衆

(17)

檢（検）

(18)

虚

(19)

跡

(20)

郷

覚えておきたい漢字⑥

似た旁《つくり》の見分け方

▼おおがい（頁）の漢字

(1)

(2)

(3)

(4)

(5)

(6)

(7)

(8)

(9)

(10)

▼あくび（欠）・さんづくり（彡）の漢字

(11)

(12)

(13)

(14)

(15)

▼おおざと（阝）・つき（月）の漢字

(16)

(17)

(18)

(19)

(20)

解答

▼おおがい（頁）の漢字

(1) 願
(2) 預
(3) 頼
(4) 題
(5) 順

(6) 類
(7) 顔
(8) 頭
(9) 頃
(10) 領

▼あくび（欠）・さんづくり（彡）の漢字

(11) 次
(12) 歓
(13) 形
(14) 影
(15) 彩

▼おおざと（阝）・つき（月）の漢字

(16) 郡
(17) 部
(18) 朗
(19) 期
(20) 朔

【ポイント】おおがい（頁）・あくび（欠）・さんづくり（彡）のくずしはふくらみがありません。おおざと（阝）・つき（月）はくずしの中段のふくらみがあります。

覚えておきたい漢字⑦

旁《つくり》から見分ける

▼りっとう（刂）の漢字

(1)

(2)

(3)

(4)

(5)

▼のぶん（攵）の漢字

(6)

(7)

(8)

(9)

(10)

▼「亍」「干」・おのづくり（斤）の漢字

(11)

(12)

(13)

(14)

(15)

▼ふるとり（隹）の漢字

(16)

(17)

(18)

(19)

(20)

解答

▼りっとう（刂）の漢字

(1)  前

(2)  則

(3)  列

(4)  別

(5)  到

▼のぶん（攵）の漢字

(6)  敗

(7)  救

(8)  敷

(9)  教

(10)  故

▼「亍」「干」・おのづくり（斤）の漢字

(11)  行

(12)  肝

(13)  新

(14)  祈

(15)  折

▼ふるとり（隹）の漢字

(16)  権

(17)  灌

(18)  唯

(19)  難

(20)  雖

覚えておきたい漢字⑧

かんむりのくずし・文末に見られる漢字

▼かんむりのくずしに注目

(1)

(2)

(3)

(4)

(5)

(6)

(7)

(8)

(9)

(10)

▼文末に見られる漢字

(11)

(12)

(13)

(14)

(15)

(16)

(17)

(18)

(19)

(20)

解答

▼かんむりのくずしに注目

(1)

窓

(2)

実

(3)

審

(4)

空

(5)

壺

(6)

雷

(7)

発

(8)

罷

(9)

常

(10)

亭

▼文末に見られる漢字

(11)

也

(12)

哉

(13)

（歟）欤

(14)

了

(15)

畢

(16)

候

(17)

訖

(18)

給

(19)

事

(20)

件

覚えておきたい漢字⑨

旧字で書かれる漢字1

解答

（　）内は現代漢字。近世文書では旧字体が常用漢字になります。

(1)

（写）寫

(2)

（対）對

(3)

（万）萬

(4)

（触）觸

(5)

（気）氣

(6)

（変）變

(7)

（会）會

(8)

（証）證

(9)

（発）發

(10)

（処）處

(11)

（余）餘

(12)

（駅）驛

(13)

（払）拂

(14)

（礼）禮

(15)

（価）價

(16)

（当）當

(17)

（医）醫

(18)

（絵）繪

(19)

（昼）晝

(20)

（画）畫

覚えておきたい漢字⑩

旧字で書かれる漢字2

解答

（　）内は現代漢字。近世文書では旧字体が常用漢字になります。

(1)

（広）廣

(2)

（旧）舊

(3)

（挙）擧

(4)

（転）轉

(5)

（伝）傳

(6)

（軽）輕

(7)

（県）縣

(8)

（続）續

(9)

（庁）廳

(10)

（点）點

(11)

（芸）藝

(12)

（国）國

(13)

（図）圖

(14)

（団）團

(15)

（体）體

(16)

（辞）辭

(17)

（予）豫

(18)

（声）聲

(19)

（船）舩

(20)

（党）黨

覚えておきたい漢字⑪

覚えるしかない異体字

解　答

頻出する異体字です。（　）内は現代漢字。

(1)

（再）冄

(2)

（楽）乐

(3)

（薬）茉

(4)

（最）冣

(5)

（頭）乆

(6)

（数）敉

(7)

（喜）㐂

(8)

（年）秊

(9)

（野）壄

(10)

（紙）帋

(11)

（兼）兼

(12)

（異）吴

(13)

（職）軄

(14)

（負）屓

(15)

（員）貟

(16)

（迄）迠

(17)

（等）朩

(18)

（恥）耻

(19)

（違）逺

(20)

（時）时

覚えておきたい漢字⑫

一部分が同じ漢字

(1)　(2)　(3)　(4)　(5)

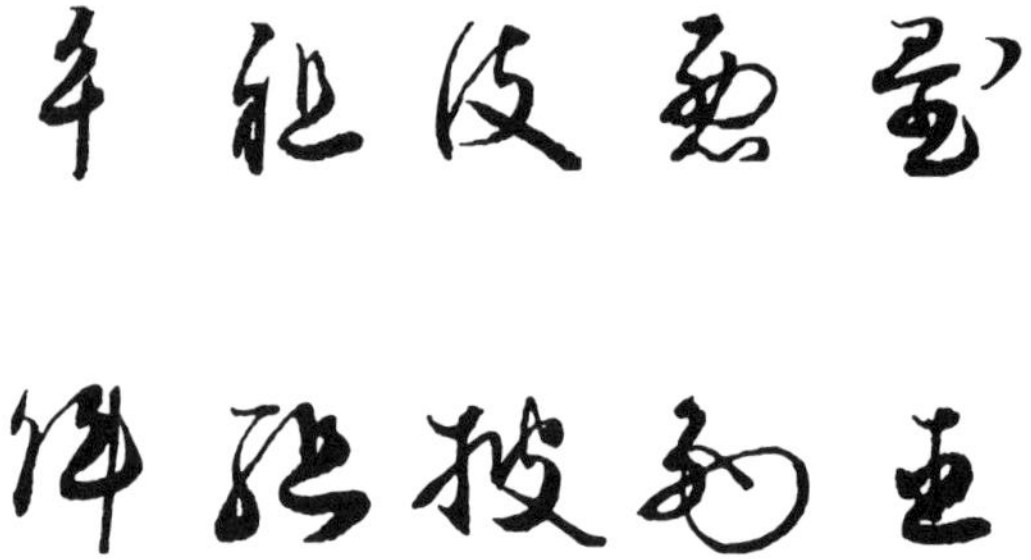

(6)　(7)　(8)　(9)　(10)

解答

(1)

置

直

(2)

悪

西

(3)

皮

披

(4)

祖

組

(5)

牛

件

(6)

物

惣

(7)

其

甚

(8)

論

輪

(9)

取

趣

(10)

作

乍

覚えておきたい漢字⑬

比べながら覚える１

(1) (2) (3) (4) (5)

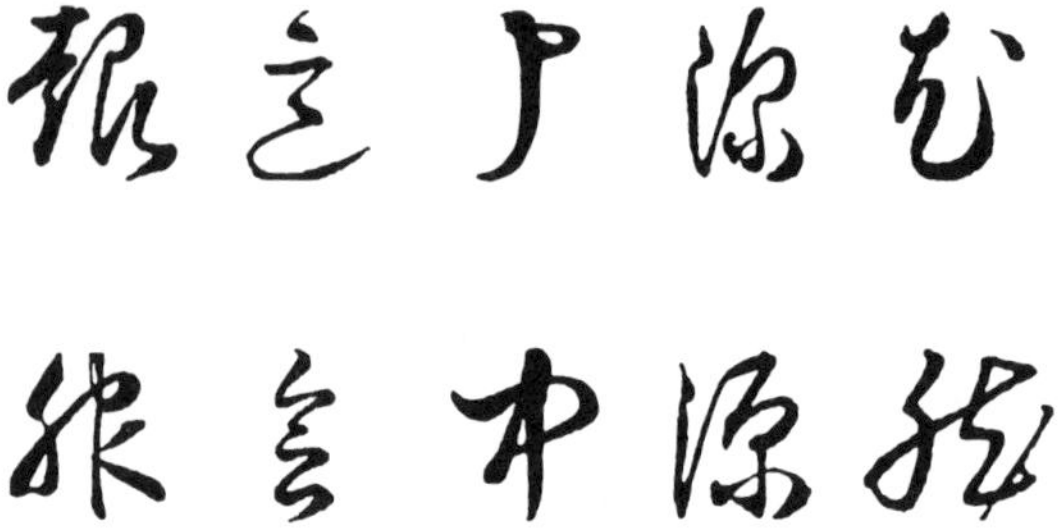

(6) (7) (8) (9) (10)

解答

(5)　(4)　(3)　(2)　(1)

報　意　申　深　尤

服　念　中　源　然

(10)　(9)　(8)　(7)　(6)

後　今　常　手　国

渡　令　道　来　図

覚えておきたい漢字⑭

比べながら覚える2

(5)　(4)　(3)　(2)　(1)

(10)　(9)　(8)　(7)　(6)

解答

(1)

分

知

(2)

罪

飛

(3)

水

若

(4)

共

幷

(5)

屋

極

(6)

自

用

(7)

参

承

(8)

紫

葉

(9)

第

弟

(10)

労

身

覚えておきたい漢字⑮

比べながら覚える 3

(1) (2) (3) (4) (5)

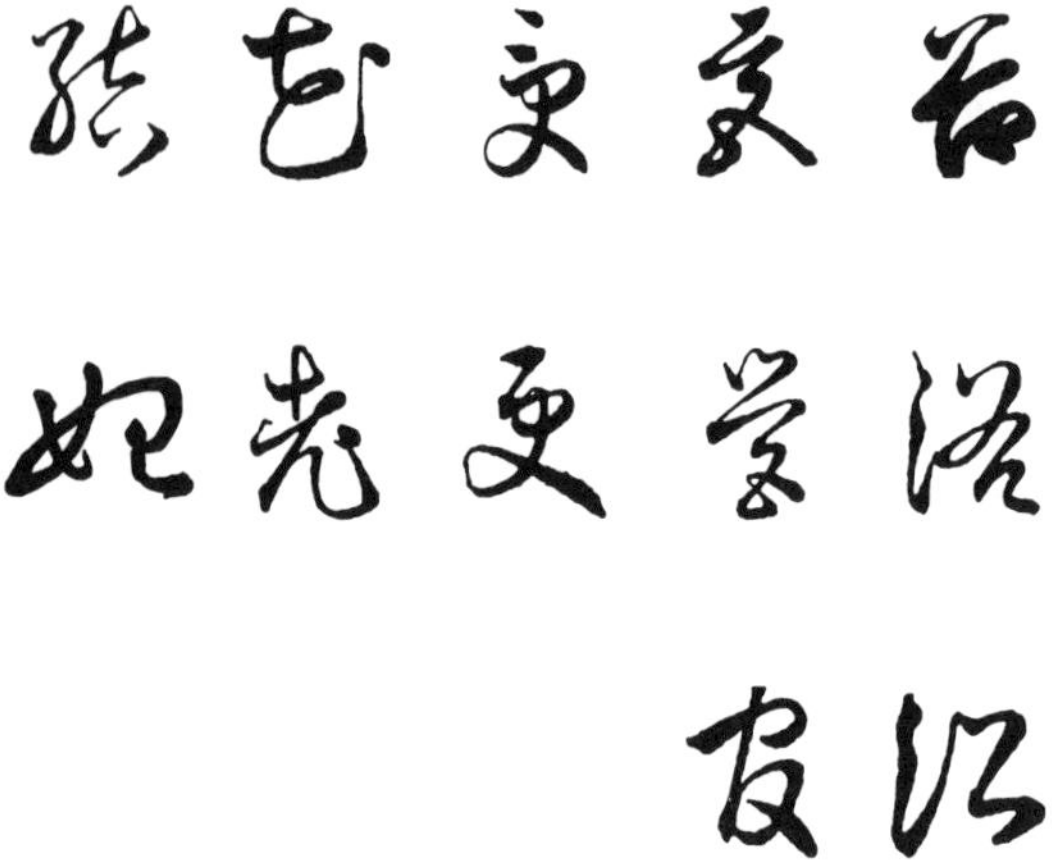

(6) (7) (8) (9)

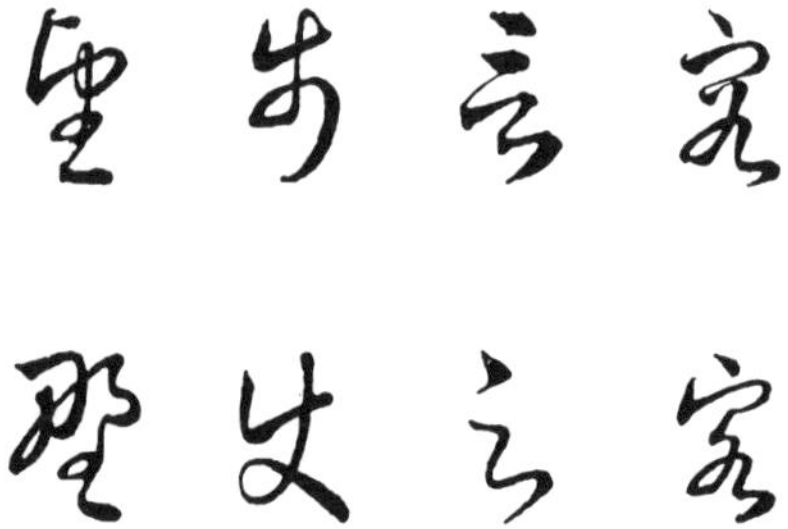

解答

(1)

谷

浴

沿

(2)

宮

営

官

(3)

受

更

(4)

花

老

(5)

結

始

(6)

容

客

(7)

言

云

(8)

歩

使

(9)

望

（野）墅

覚えておきたい漢字⑯

比べながら覚える４

(5)　(4)　(3)　(2)　(1)

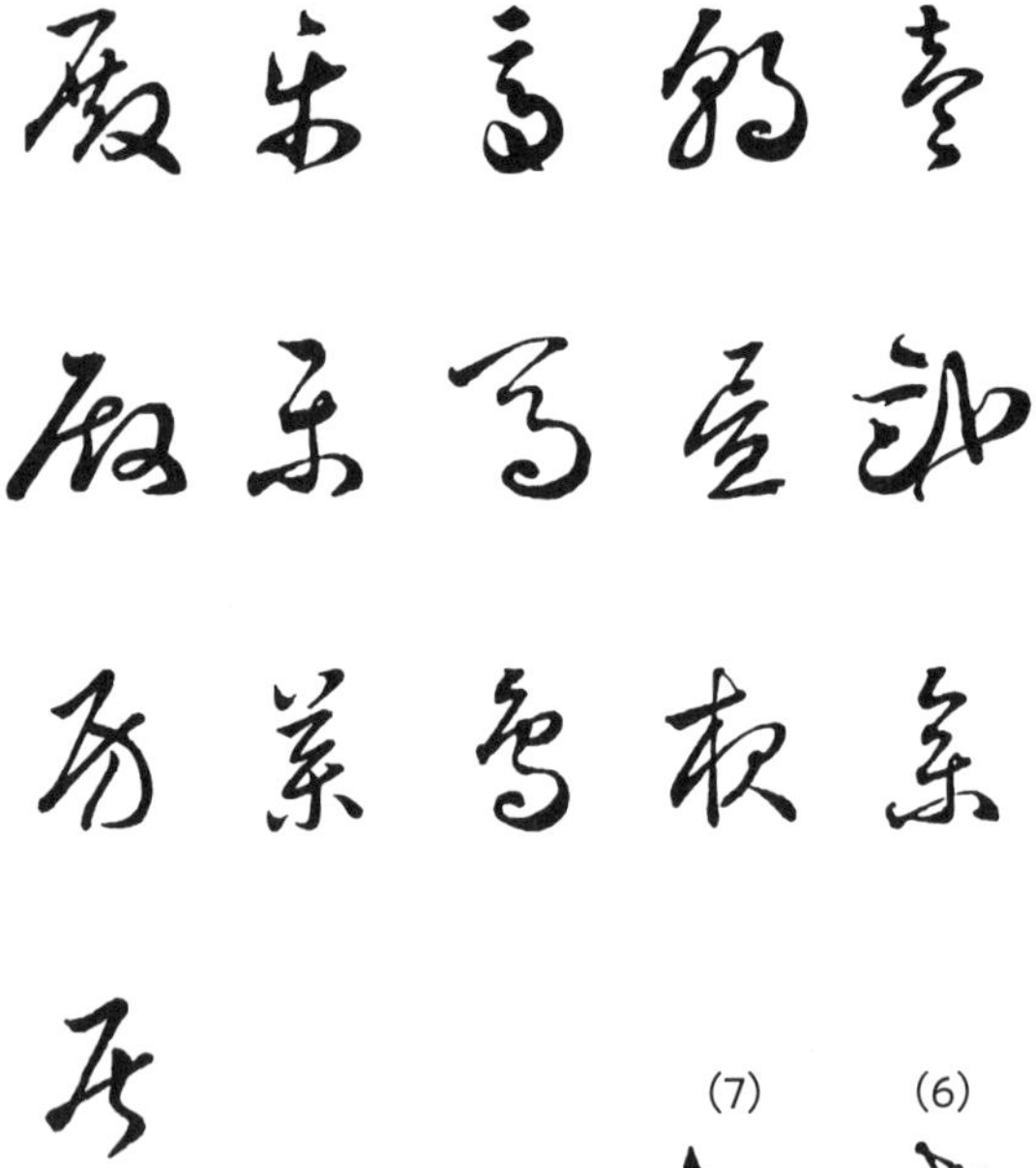

(7)　(6)

解　答

(1)

壱

弐

参

(2)

朝

昼

夜

(3)

高

馬

鳥

(4)

互

楽

薬

(5)

殿

尉

房

居

(6)

左

右

(7)

上

下

覚えておきたい漢字⑰

覚えにくいくずし字1

(1)

(2)

(3)

(4)

(5)

(6)

(7)

(8)

(9)

(10)

(11)

(12)

(13)

(14)

(15)

(16)

(17)

(18)

(19)

(20)

解　答

(1)

交

(2)

（卒）卆

(3)

曲

(4)

敬

(5)

（弁）辨

(6)

藤

(7)

猶

(8)

衛

(9)

哀

(10)

換

(11)

短

(12)

低

(13)

率

(14)

紙

(15)

器

(16)

普

(17)

孫

(18)

段

(19)

愚

(20)

懸

覚えておきたい漢字⑱

覚えにくいくずし字２

(1)

(2)

(3)

(4)

(5)

(6)

(7)

(8)

(9)

(10)

(11)

(12)

(13)

(14)

(15)

(16)

(17)

(18)

(19)

(20)

解答

(1) 遣

(2) 寄

(3) 残

(4) 尋

(5) 慎

(6) 遅

(7) 過

(8) 談

(9) 換

(10) 護

(11) 易

(12) 決

(13) 景

(14) 音

(15) 夏

(16) 腹

(17) 寒

(18) 墓

(19) 村

(20) 綱

漢字熟語問題150

ここからは漢字熟語の解読問題です。

全部で一五〇問あり、読みが「あいうえお順」になっていますので、解読のヒントにしてください。

また、近世文書で使われる用語については、若干の補足を付けて、読み方や意味を載せていますので参考にしてください。

解答には適宜ふりがなを振っています。

熟語になっていますから、意味が通じるかどうかも考えながら解読してみてください。

漢字熟語問題①

次の漢字熟語のくずし字を解読してください。

(1)

(2)

(3)

(4)

(5)

(6)

(7)

(8)

(9)

(10)

解答とポイント

(1)

已《い》下《か》

(2)

異国舩（船）

(3)

違《い》背《はい》

(4)

員《いん》数《ずう》

(5)

右往左往

(6)

請取

(7)

有《う》徳《とく》

(8)

遠慮

(9)

往《おう》昔《せき》

(10)

奥方

▶解読のポイントと補足

- 已下…「已《い》」は、「己《こ》」「巳《み》」とくずしが同じに見えるので、意味をよく考えて解読します。「已」は「已下」「已上」で用いられ、「己」は「自己」の「己」で「おのれ」と訓読みします。「巳」は十二支で使われ、「ヘビ年」のことです。
- 「異」「違」「員」「数」は異体字で書かれています（87ページ参照）。
- 往昔…「おうせき」「おうじゃく」と読みます。意味は、むかし。

漢字熟語問題②

次の漢字熟語のくずし字を解読してください。

(1)

(2)

(3)

(4)

(5)

(6)

(7)

(8)

(9)

(10)

解答とポイント

(1)

越《おち》度《ど》

(2)

思《おぼし》召《めす》

(3)

折《おり》節《ふし》

(4)

火急

(5)

欠《かけ》落《おち》

(6)

家中

(7)

家老衆

(8)

関東

(9)

帰《き》依《え》

(10)

喜悦

▶解読のポイント

- 欠落…重税・犯罪などを理由に領民が居住地を捨てて行方不明になること。江戸中期からは、相愛の男女が行方をくらますことにも用いられます。
- (10) の「喜」は異体字の「㐂」。

漢字熟語問題③

次の漢字熟語のくずし字を解読してください。

(1)

(2)

(3)

(4)

(5)

(6)

(7)

(8)

(9)

(10)

解答とポイント

(1)

帰京

(2)

聞《きこし》召《めす》

(3)

北風

(4)

興行

(5)

急度《きっと》

(6)

経文

(7)

器量

(8)

金銀

(9)

吟《ぎん》味《み》

(10)

欽《きん》明《めい》天皇

▶解読のポイント

- 急度…「急渡」とも。「きっと」(屹度)と同意ですが、このように書かれることが多いです。
- (6)の「経」は旧字の「經」。
- 吟味…物事を念入りに調べること。罪状を調べただすこと。

漢字熟語問題④

次の漢字熟語のくずし字を解読してください。

(1)

(2)

(3)

(4)

(5)

(6)

(7)

(8)

(9)

(10)

解答とポイント

(1)

具《ぐ》足《そく》

(2)

国替

(3)

組《くみ》頭《がしら》

(4)

無懈怠《（けたいなく）》

(5)

家来

(6)

堅固

(7)

厳重

(8)

献上

(9)

厚《こう》恩《おん》

(10)

向《こう》後《ご》

▶解読のポイント

・組頭…江戸時代の地方《じかた》三役（庄屋〈名主《なぬし》とも〉・組頭、百姓代）のひとつ。身分は百姓で一般的には庄屋を補佐する役職。

・無懈怠…怠ることなく。

・向後…これからのち。「きょうこう」とも読みます。

漢字熟語問題⑤

次の漢字熟語のくずし字を解読してください。

(1)

(2)

(3)

(4)

(5)

(6)

(7)

(8)

(9)

(10)

解答とポイント

(1)

降参

(2)

高《こう》名《みょう》

(3)

降臨

(4)

剋《こく》限《げん》

(5)

拵《こしらえ》置《おく》

(6)

殊《ことの》外《ほか》

(7)

此時

(8)

此旨

(9)

懇意

(10)

再興

▶解読のポイント

・「剋限」は、本来は「刻限」。
・「此」は (7) と (8) の二通りのくずしを覚えてください。
・ (7) の「時」は異体字の「时」。

漢字熟語問題⑥

次の漢字熟語のくずし字を解読してください。

(1)

(2)

(3)

(4)

(5)

(6)

(7)

(8)

(9)

(10)

解答とポイント

(1)

再三

(2)

最初

(3)

祭礼

(4)

差図《さしず》

(5)

沙汰《さた》

(6)

作法

(7)

左様

(8)

乍去《（さりながら）》

(9)

残暑

(10)

参上

▶解読のポイント

- ⑵の「最」は異体字の「㝡」で、ウかんむりになります（87ページ参照）。
- 差図…名指しする、地図、見積りなどの意味があります。

漢字熟語問題⑦

次の漢字熟語のくずし字を解読してください。

(1)

(2)

(3)

(4)

(5)

(6)

(7)

(8)

(9)

(10)

解答とポイント

(1)

直《じき》訴《そ》

(2)

式《しき》部《ぶ》太《だ》夫《ゆう》

(3)

子《し》細《さい》

(4)

質《しち》物《もつ》

(5)

慈悲

(6)

邪気

(7)

種々

(8)

手段

(9)

出来《しゅったい》

(10)

証拠

▶解読のポイント

・「式部」の「部」は異体字の「了」。
・出来…事件が起こること。「でき」と読む場合もあります。
・「証拠」の「証」は旧字の「證」。

漢字熟語問題⑧

次の漢字熟語のくずし字を解読してください。

(1)

(2)

(3)

(4)

(5)

(6)

(7)

(8)

(9)

(10)

解答とポイント

(1)

承知

(2)

聖徳太子

(3)

諸国

(4)

諸色《しょしき》

(5)

神宮

(6)

深山

(7)

神武《じんむ》

(8)

少宛《すこしずつ》

(9)

駿府《すんぷ》

(10)

清左衛門

▶解読のポイント

・(6)の「深」は。似ている「源」のくずしとの違いを押さえてください。

漢字熟語問題⑨

次の漢字熟語のくずし字を解読してください。

(1)

(2)

(3)

(4)

(5)

(6)

(7)

(8)

(9)

(10)

解答とポイント

(1)

摂《せっ》州《しゅう》

(2)

殺《せっ》生《しょう》禁《きん》断《だん》

(3)

雪《せっ》隠《ちん》

(4)

是非

(5)

相違

(6)

相応

(7)

相互

(8)

早々

(9)

祖師

(10)

訴《そ》訟《しょう》

▶解読のポイント

・摂州…摂《せっ》津《つの》国《くに》のこと、大阪府北中部の大半と兵庫県南東部。「州」のくずしに注意してください。

・雪隠…トイレのこと。

漢字熟語問題⑩

次の漢字熟語のくずし字を解読してください。

(1)

(2)

(3)

(4)

(5)

(6)

(7)

(8)

(9)

(10)

解答とポイント

(1)

其《その》節《せつ》

(2)

大事

(3)

大将

(4)

対陳（陣）

(5)

対面

(6)

頼《たの》母《も》敷《しき》

(7)

断絶

(8)

地形

(9)

遅《ち》参《さん》

(10)

昼夜

▶解読のポイント

・(2) の「事」は異体字の「亊」。
・「対陳」は実際は「対陣」ですが、「陳」と書くのが慣用的でよく見られます。
・(4) と (5) の「対」は旧字の「對」。

漢字熟語問題⑪

次の漢字熟語のくずし字を解読してください。

(1)

(2)

(3)

(4)

(5)

(6)

(7)

(8)

(9)

(10)

解答とポイント

(1)

停《ちょう》止《じ》

(2)

長老

(3)

朔《つい》日《たち》

(4)

通路

(5)

手形

(6)

鉄砲

(7)

鉄炮

(8)

出《で》羽《わの》守《かみ》殿《どの》

(9)

東西

(10)

到来

▶解読のポイント

・停止…意味は、さしとめること、ていし。
・朔日…月のはじめの日。対義語は「晦日《つごもり》」（月の最後の日）。
・鉄砲（炮）は（6）も（7）も意味は同じです。「砲」か「炮」か見極めて解読してください。

漢字熟語問題⑫

次の漢字熟語のくずし字を解読してください。

(1)

(2)

(3)

(4)

(5)

(6)

(7)

(8)

(9)

(10)

解答とポイント

(1)

逗《とう》留《りゅう》

(2)

兎《と》角《かく》

(3)

酉《とりの》剋《こく》

(4)

長崎

(5)

就中《なかんずく》

(6)

荷物

(7)

入念

(8)

野原

(9)

拝《はい》領《りょう》

(10)

場所

▶解答のポイント

・逗留…その場にとどまる。
・兎角…いろいろ。ここでは「兎」は旧字の「兔」になっています。
・(8) の「野」は異体字の「壄」。

漢字熟語問題⑬

次の漢字熟語のくずし字を解読してください。

(1)

(2)

(3)

(4)

(5)

(6)

(7)

(8)

(9)

(10)

解答とポイント

(1)

破《は》損《そん》修《しゅう》復《ふく》

(2)

番頭

(3)

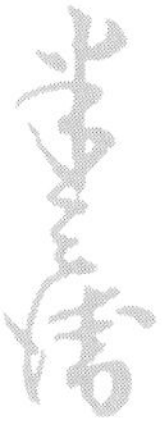

半兵衛

(4)

日《ひ》限《ぎり》

(5)

飛脚

(6)

一向《ひたすら》

(7)

非番

(8)

兵《ひょう》粮《ろう》

(9)

披《ひ》露《ろう》

(10)

普《ふ》請《しん》

▶解読のポイント

・(1) の「損」は異体字の「摃」、(2) の「頭」は異体字の「⺆人」。

・日限… 前もって期日を限って定めること。また、その期限の日。「ひぎり (日切)」と混同されます。「日限」は「にちげん」とも読みます。

・一向… 「いっこう」とも。一途に、まったく。「ひたすら」は「只管」とも書きます。読み方に注意してください。

漢字熟語問題⑭

次の漢字熟語のくずし字を解読してください。

(1)

(2)

(3)

(4)

(5)

(6)

(7)

(8)

(9)

(10)

解答とポイント

(1)

仏《ぶっ》法《ぽう》僧《そう》

(2)

文《ふ》箱《ばこ》

(3)

振《ふる》舞《まい》

(4)

返済

(5)

本望

(6)

前《まえ》廉《かど》

(7)

間《ま》敷《じく》

(8)

町奉行

(9)

宮嶋

(10)

武蔵

▶解読のポイント

・(1)の「仏」は旧字の「佛」。
・「文箱」の読み方に注意してください。
・前廉…以前、前もって。
・間敷…動詞に付いてそれを否定する助動詞。
「まじき」とも読みます。

漢字熟語問題⑮

次の漢字熟語のくずし字を解読してください。

(1)

(2)

(3)

(4)

(5)

(6)

(7)

(8)

(9)

(10)

解答とポイント

(1)

召《めし》連《つれ》

(2)

毛《もう》頭《とう》

(3)

勿《もち》論《ろん》

(4)

最《もは》早《や》

(5)

約束

(6)

屋敷

(7)

遊《ゆう》興《きょう》

(8)

油断

(9)

用意

(10)

落《らく》涙《るい》

▶解読のポイント

- (2) の「頭」は異体字の「久」。
- (7) の「興」、(8) の「断」のくずしはしっかり押さえてください。
- (4) の「最」は異体字の「冣」。

漢字ひらがな問題（基本編・応用編）150

ここでは漢字とひらがなの両方が使われる表現を出題しています。

五問ずつの問題が基本編は二〇題、応用編は一〇題、合計一五〇問あります。

文章の一部から採った実戦的な解読問題です。特に漢字なのか、ひらがななのかを見極めることが必要です。

また、解答の下にマスターすべき漢字のくずし字を「書いて覚えよう」として抜き出していますので、しっかり押さえてください。

なお、助詞の「而」「者」「茂」「与」「江」「ニ」は、右に小さい字（右寄せ小字）で表記します。

解答には適宜ふりがなを振っています。

漢字ひらがな問題 基本編①

次のくずし字を解読してください。

(1) (2) (3) (4) (5)

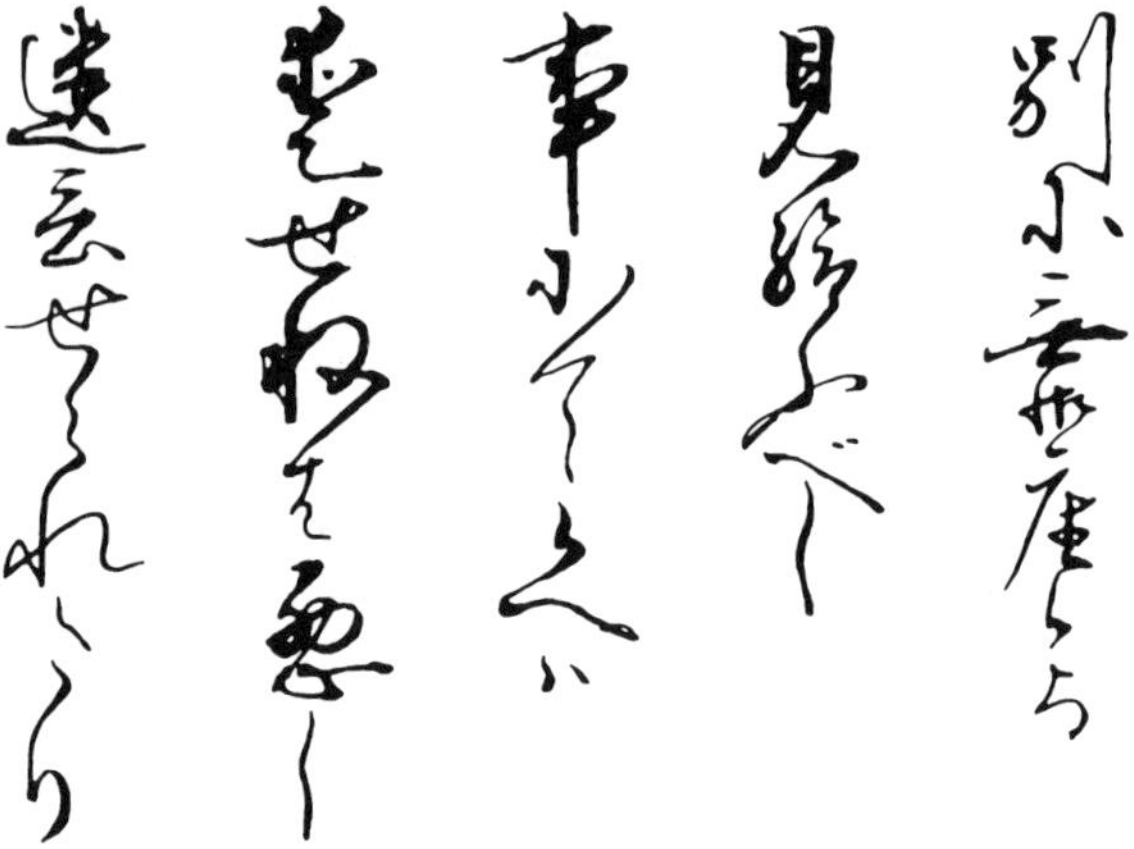

解答

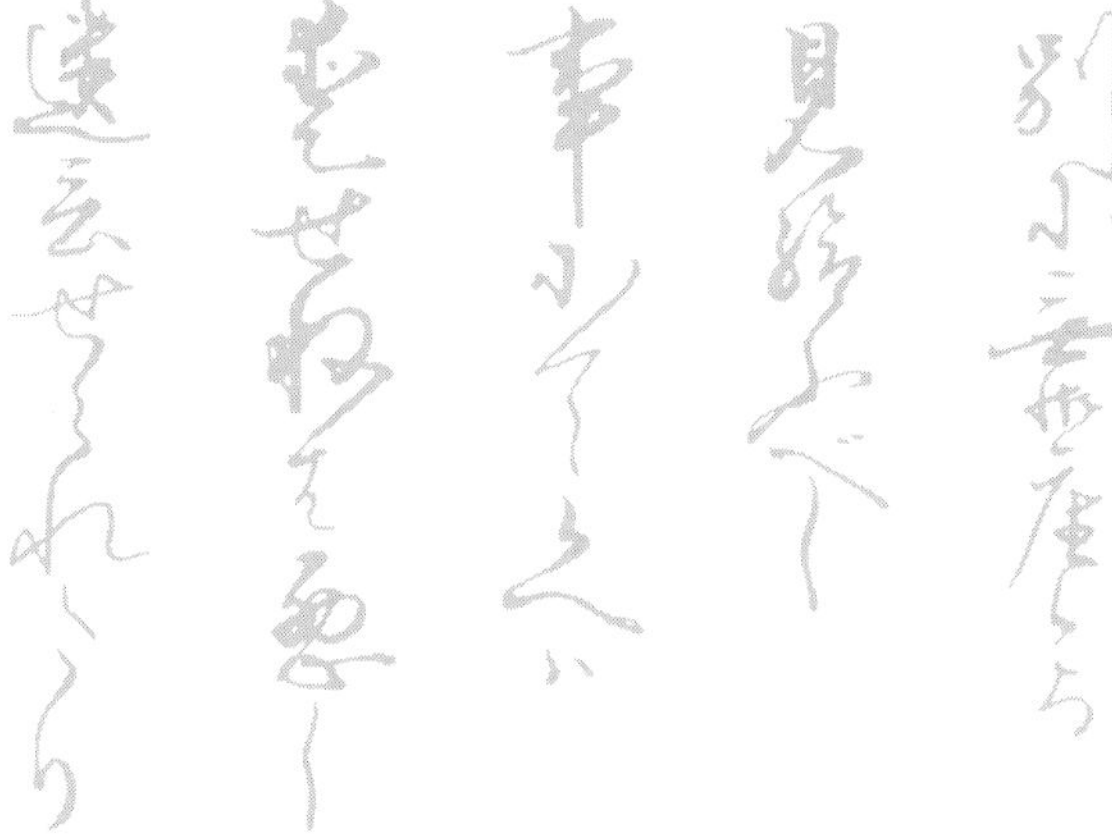

（1）別に無御座《（ござなく）》候与
※「ら」は右寄せ小字に（「と」も可）

（2）見給ふべし

（3）事にて候へハ

（4）愛せねは悪し

（5）遺言せられたり

▶書いて覚えよう

無　給　候　愛　言

漢字ひらがな問題 基本編②

次のくずし字を解読してください。

(1)

(2)

(3)

(4)

(5)

解答

(1)

悟らむ

※「」は字母を「舞」とする変体仮名

(2)

多けれとも

(3)

人の詞《ことば》を聞に

(4)

頼む所に

(5)

左様の類

▶書いて覚えよう

悟

多

聞

頼

類

漢字ひらがな問題 基本編③

次のくずし字を解読してください。

(1)　(2)　(3)　(4)　(5)

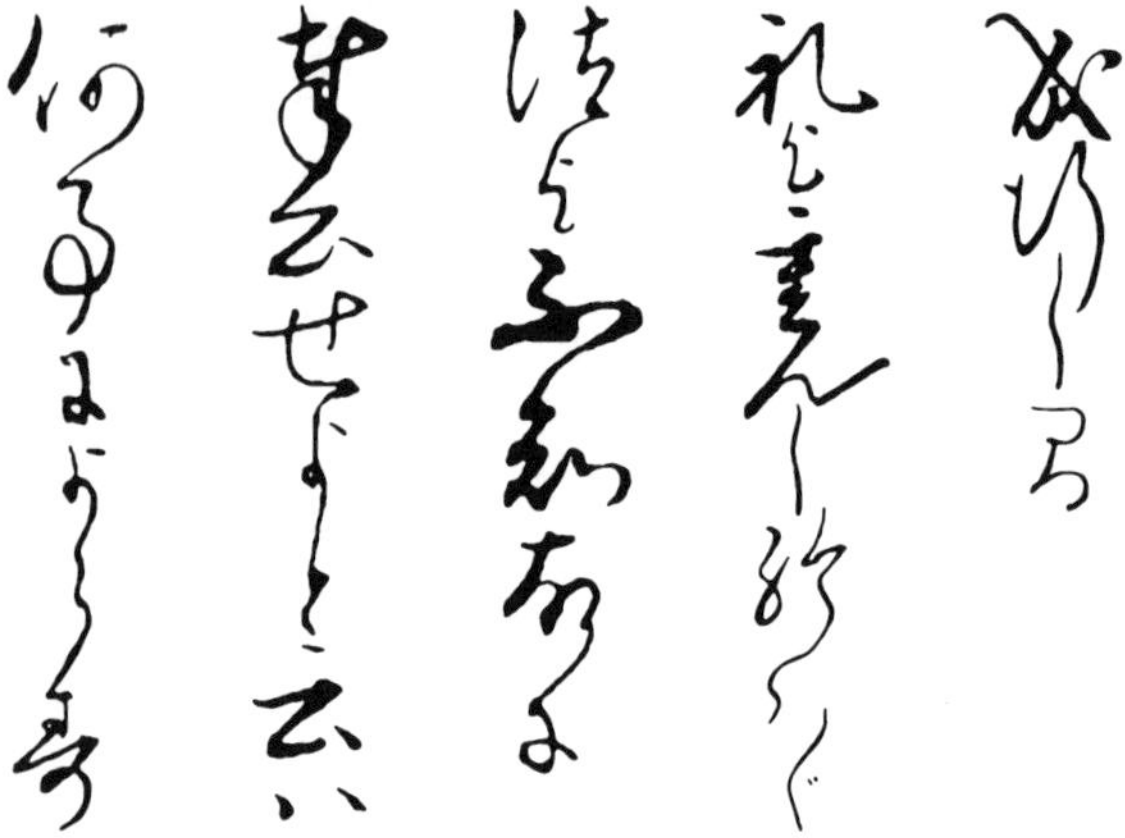

解答

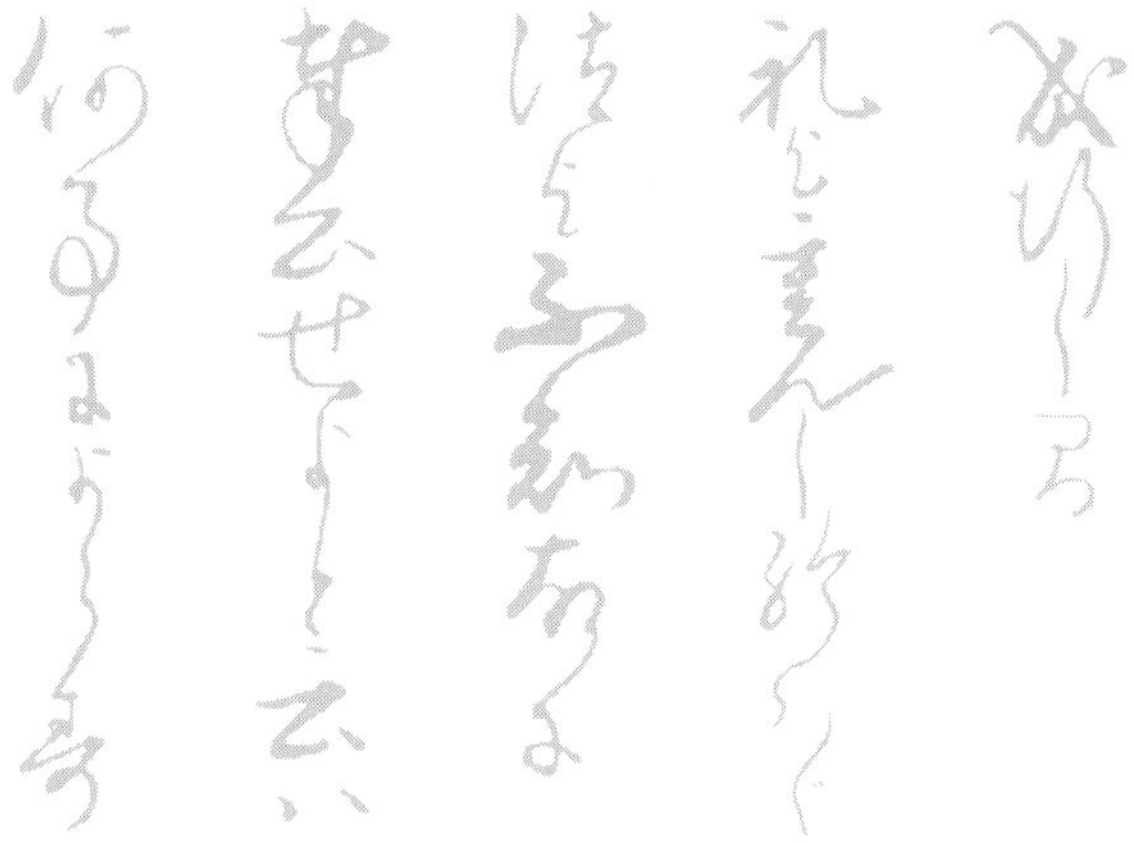

(1) 成《なり》行《ゆき》し間

(2) 礼を重んし給ハヾ

(3) 法を不知《(しらざる)》故《ゆえ》に

(4) 奉公せよと云ハ

(5) 何事によらす
※「す」の字母は「寿」

▶書いて覚えよう

行 重 故 公 事

漢字ひらがな問題 基本編④

次のくずし字を解読してください。

(5)　(4)　(3)　(2)　(1)

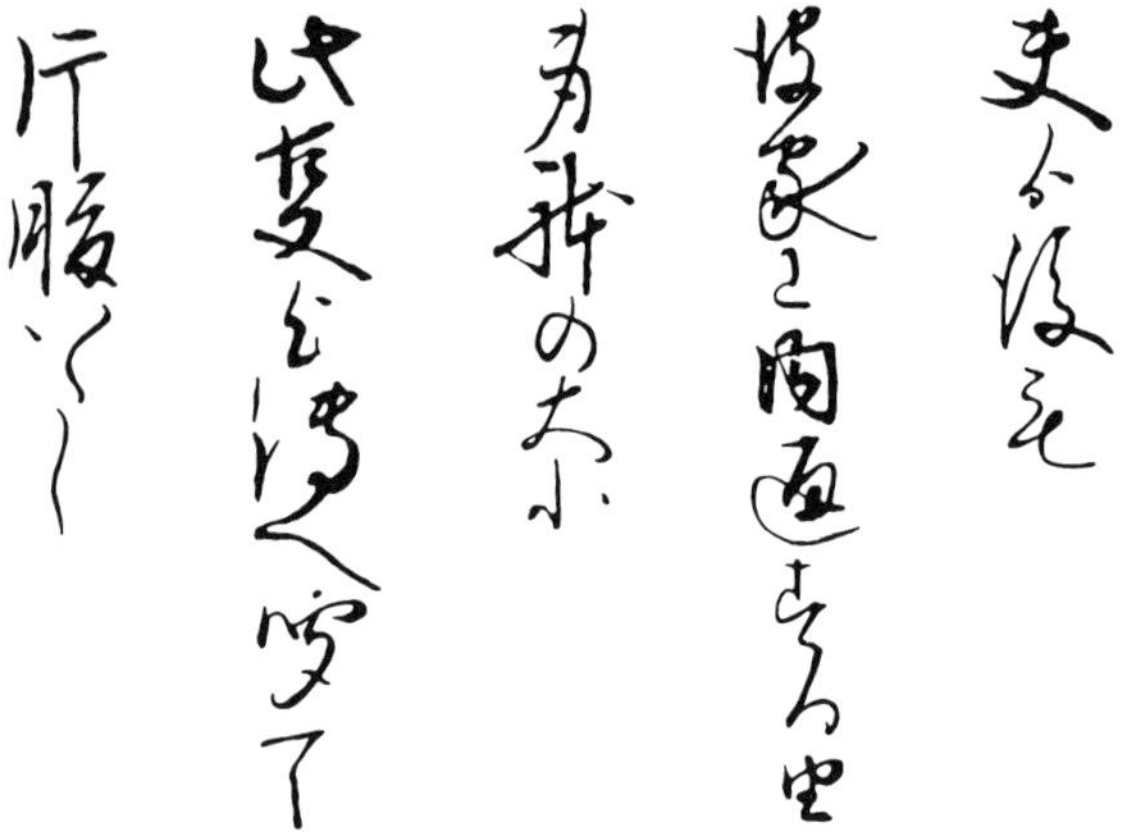

解答

(1)

夫ゟ後も

(2)

彼《かの》家《いえ》に内通する由

(3)

身躰（体）の大小

(4)

此事を傳（伝）へ聞て

※「事」は異体字の「叓」

(5)

片腹いたし

※おかしくてたまらない

▶書いて覚えよう

後

彼

身

叓（事）

腹

漢字ひらがな問題 基本編⑤

次のくずし字を解読してください。

(1)

(2)

(3)

(4)

(5)

解答

(1)

立帰りけり

(2)

元より是非を

(3)

此状ハうたかひなき

(4)

いと口惜事也
※とても残念なことだ

(5)

再三被仰出《（おおせいでられ）》ける

▶書いて覚えよう

帰

非

状

惜

再

漢字ひらがな問題 基本編⑥

次のくずし字を解読してください。

(1)

(2)

(3)

(4)

(5)

解答

(1)

聞せたき事也

(2)

其段ハいさしらず

(3)

互に彼か我かと

(4)

其心得をもつて

(5)

悪けれハ

▶書いて覚えよう

也

段

互

得

悪

漢字ひらがな問題 基本編⑦

次のくずし字を解読してください。

(1)　(2)　(3)　(4)　(5)

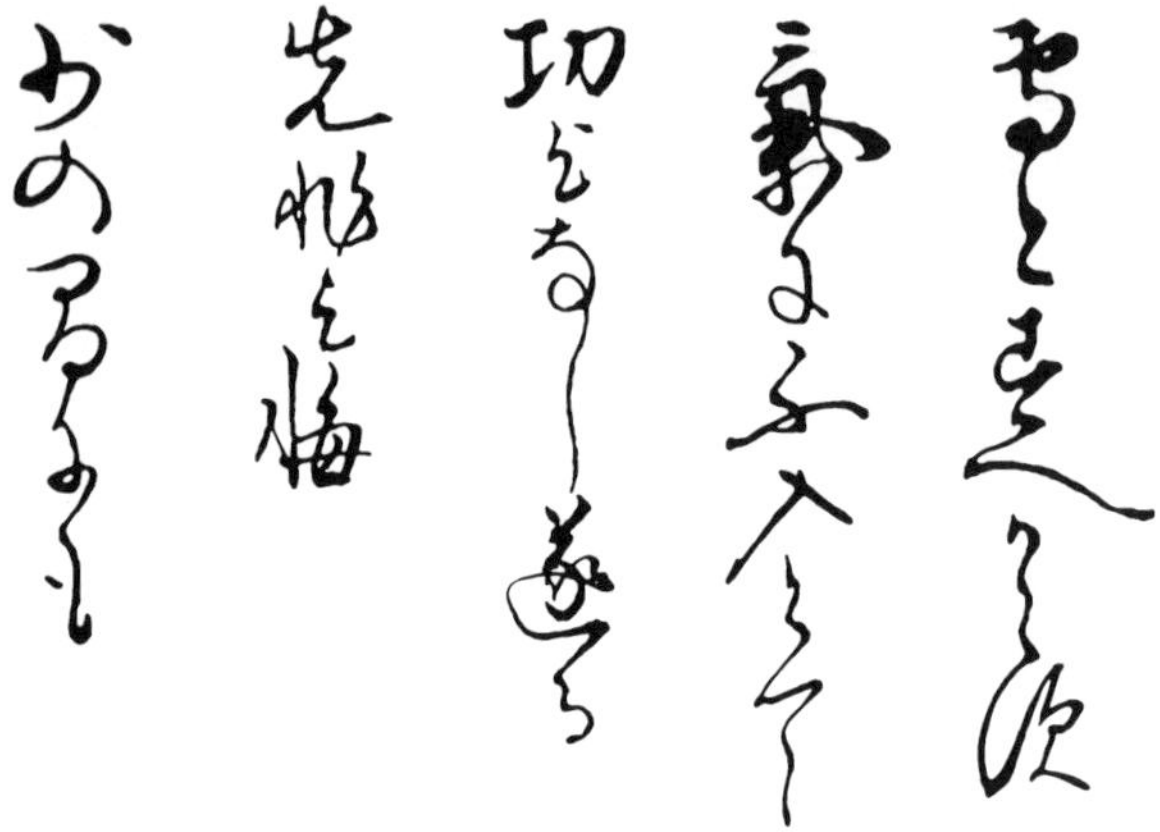

解答

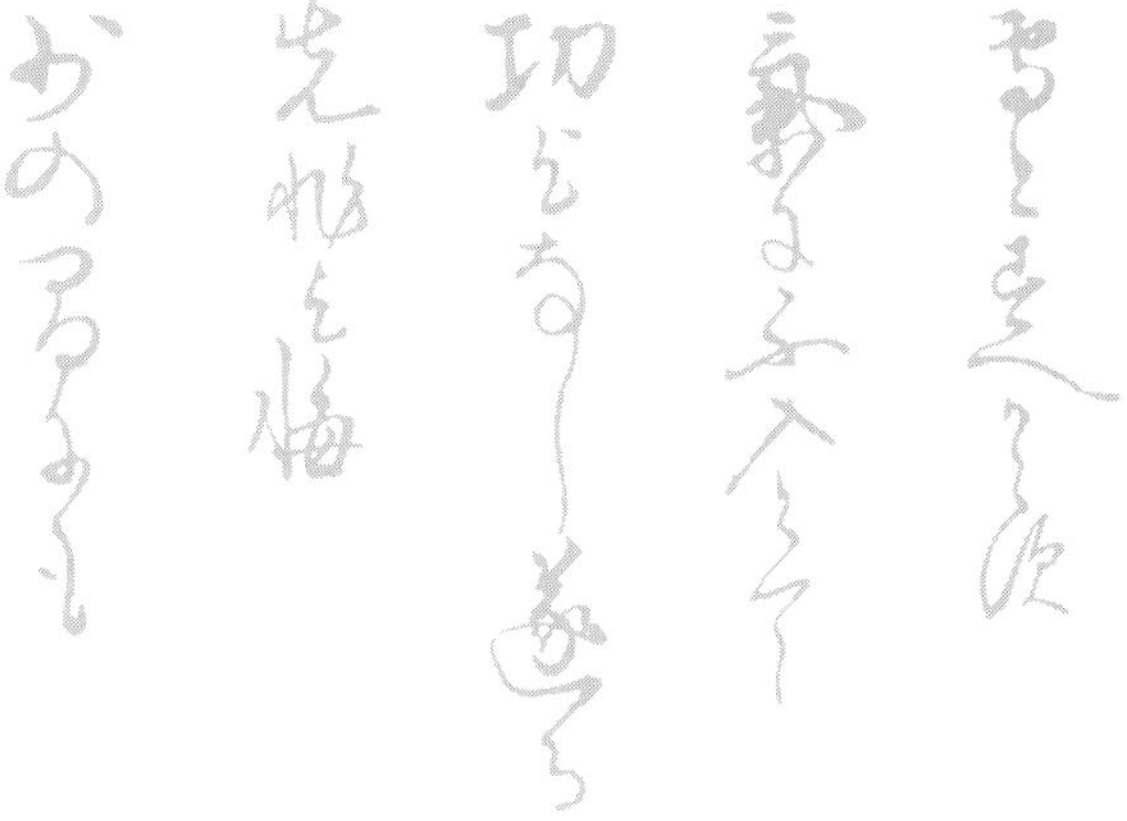

(1) 専《もっぱら》とすへからす

(2) 氣(気)に不入《(いらず)》とて

(3) 功をなし遂《とげ》る

(4) 先非を悔《くい》

(5) 少の間にも

▶書いて覚えよう

専　氣(気)　功　悔　少

漢字ひらがな問題 基本編⑧

次のくずし字を解読してください。

(1)

(2)

(3)

(4)

(5)

解答

(1)

油をしほり取らん

(2)

習ふ藝(芸)多し

(3)

忝《かたじけなく》も

(4)

衆人群《むれ》て

(5)

春来ハ花咲が如し

▶書いて覚えよう

取

習

忝

衆

来

漢字ひらがな問題 基本編⑨

次のくずし字を解読してください。

(1) (2) (3) (4) (5)

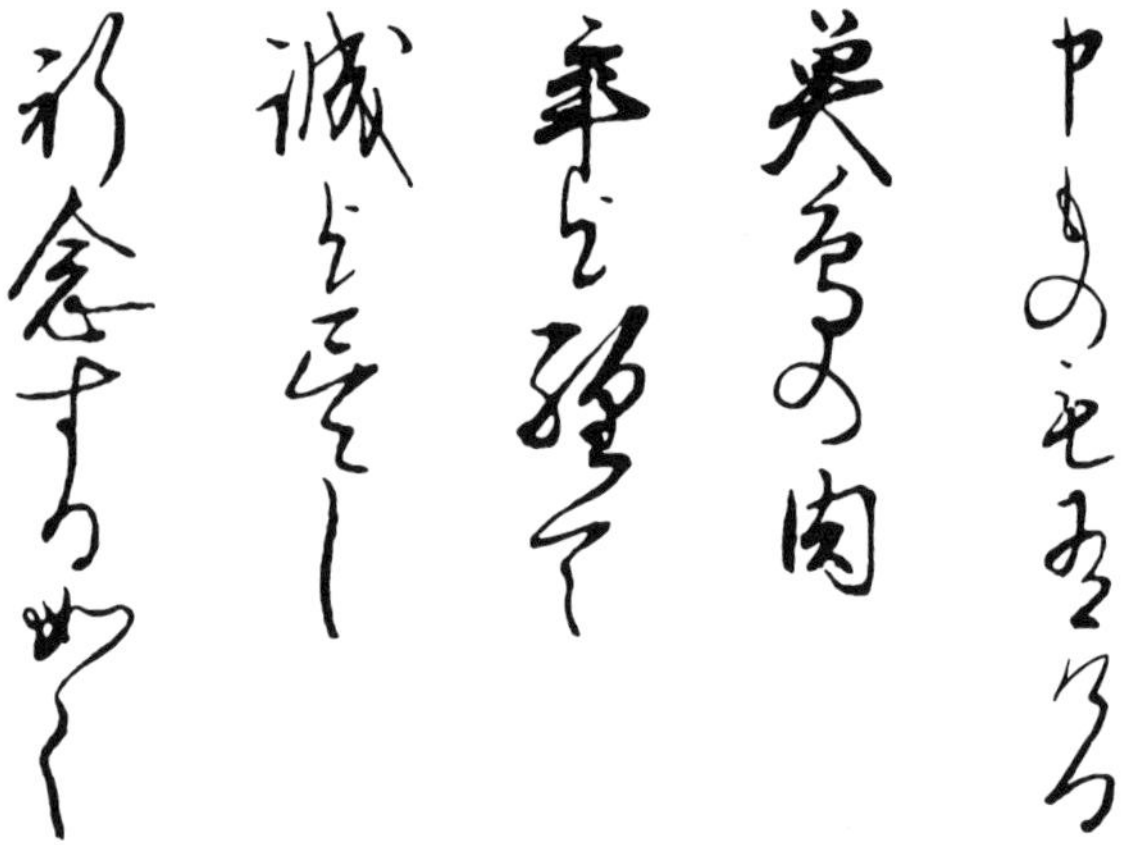

解答

(1)

申ものも有ける

(2)

魚鳥の肉

※「魚」は異体字の「𩵋」

(3)

年を經(経)て

(4)

誠を尽し

(5)

祈念する如く

▶書いて覚えよう

有

鳥

經(経)

尽

祈

漢字ひらがな問題 基本編⑩

次のくずし字を解読してください。

(1) (2) (3) (4) (5)

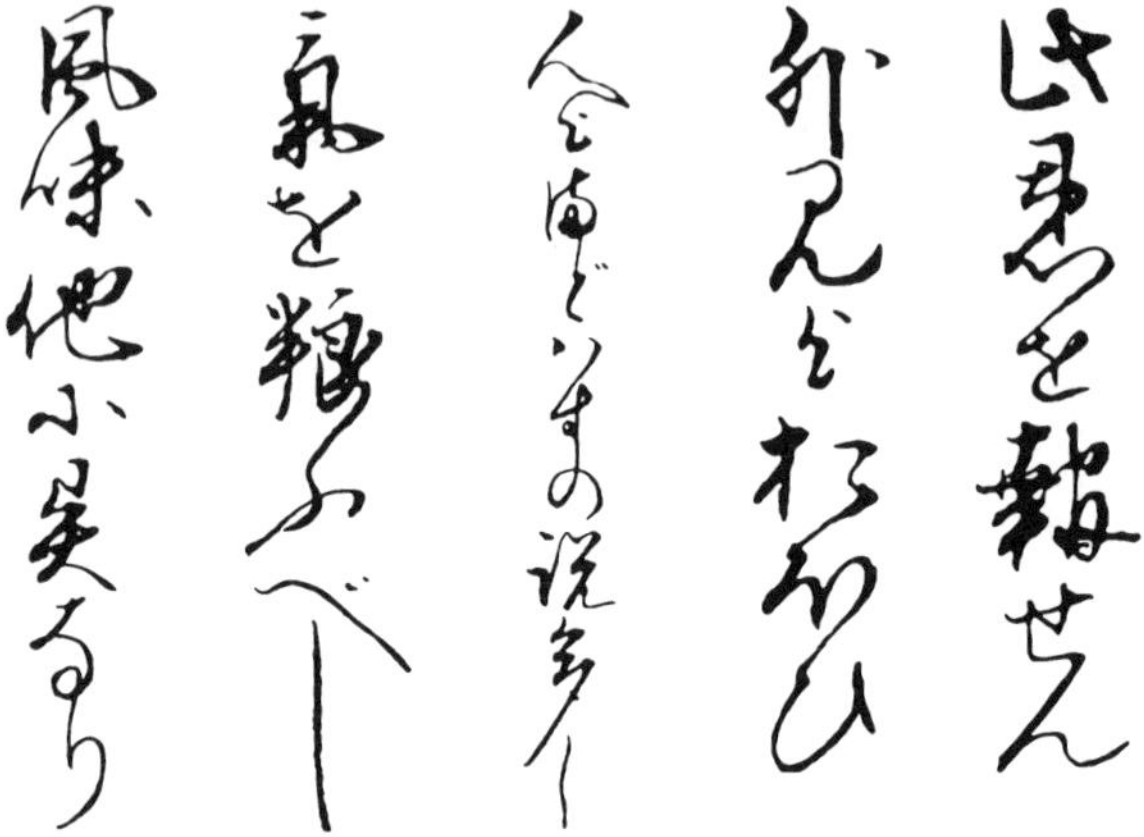

解答

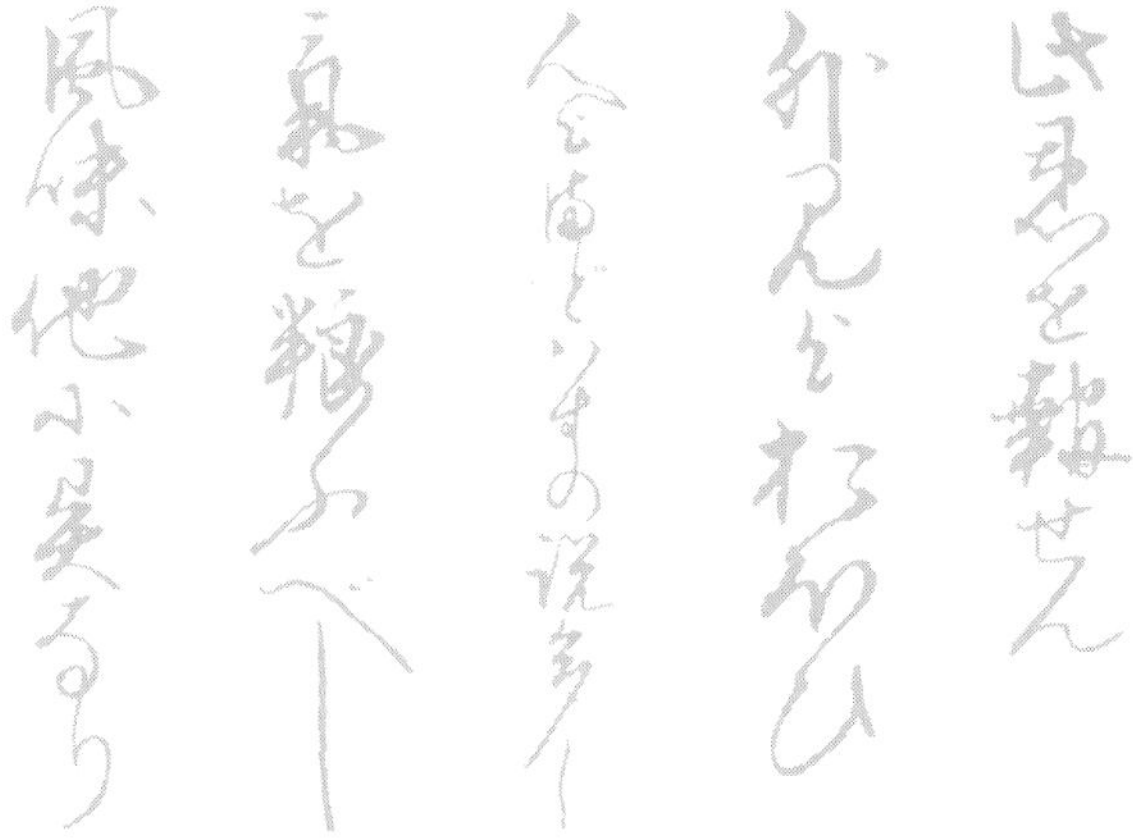

(1) 此恩を報せん

(2) 外見をおほひ

(3) 人をまどハすの説多し

(4) 氣（気）を養ふべし
※「養」は異体字「羪」

(5) 風味他に異なり
※「異」は異体字「吴」

▶書いて覚えよう

恩　外　説　羪（養）　吴（異）

漢字ひらがな問題 基本編⑪

次のくずし字を解読してください。

(1)

(2)

(3)

(4)

(5)

解答

(1)

大将の振舞にハ
※「に」の字母は「耳」

(2)

殊に感じ給ひける

(3)

正月廿日《はつか》に

(4)

大和与申者与對（対）馬と

(5)

無是非《（ぜひなく）》討死《うちじに》を遂《とげ》たり

▶書いて覚えよう

将

殊

廿

對（対）

遂

漢字ひらがな問題 基本編⑫

次のくずし字を解読してください。

(1) (2) (3) (4) (5)

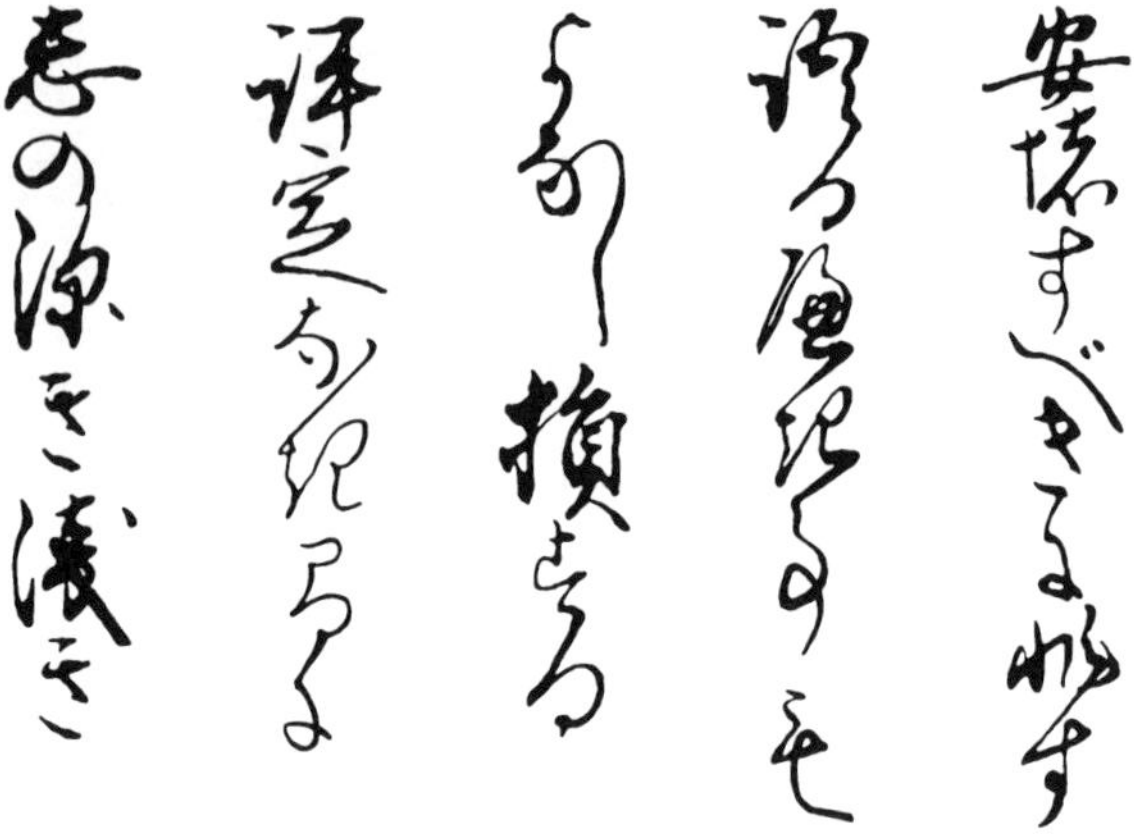

解答

(1)

安堵すべきに非《あら》す

(2)

語るへき事も

(3)

よな〲損する

※「損」は異体字の「損」

(4)

評定《ひょうじょう》なき間に

(5)

志の深き浅き

▶書いて覚えよう

堵　語　損（損）　定　深

漢字ひらがな問題 基本編⑬

次のくずし字を解読してください。

(1)　(2)　(3)　(4)　(5)

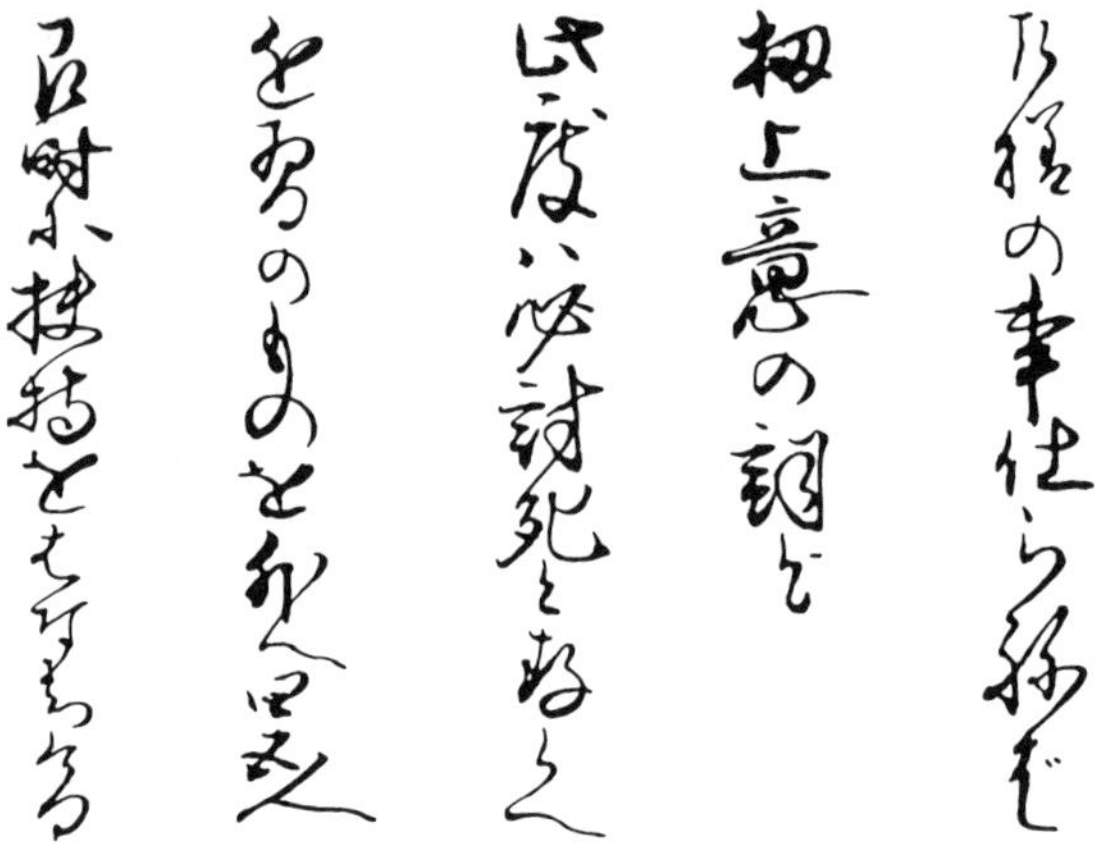

解答

(1)

左様の事仕《つかまつ》らねば

(2)

扨《さて》上意の詞《ことば》を

(3)

此度ハ必討《うち》死《じに》と存候へ

(4)

近《きん》習《じゅう》のものを
外へ四五人

(5)

即時に扶《ふ》持《ち》を
はなちける

※「時」は異体字の「时」

▶書いて覚えよう

様

扨

存

近

即

漢字ひらがな問題 基本編⑭

次のくずし字を解読してください。

(1) (2) (3) (4) (5)

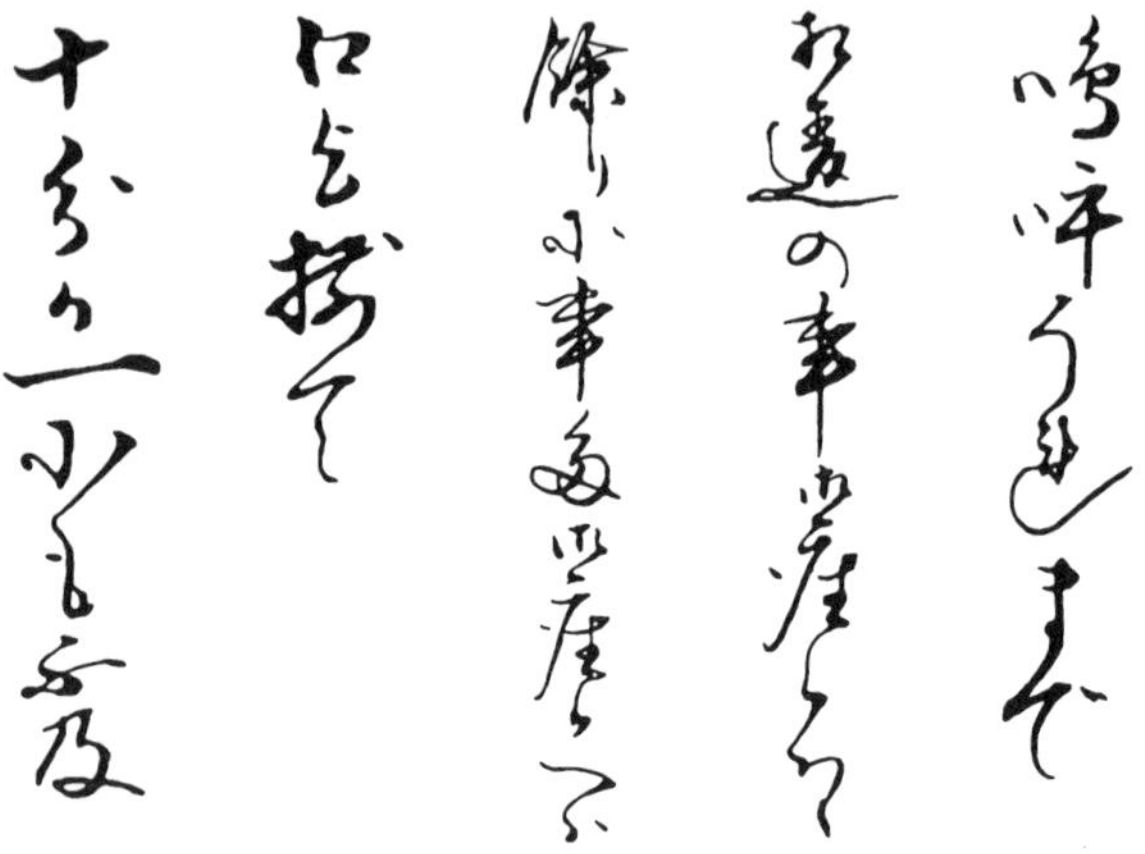

解答

(1)

嗚《あ》呼《あ》それまで

(2)

相違の事御座候ハ、

※「違」は異体字の「逺」

(3)

餘(余)りに事多
御座候へハ

(4)

口を揃《そろえ》て

(5)

十分か一にも不及《(およばず)》

▶書いて覚えよう

嗚

逺(違)

餘(余)

揃

分

漢字ひらがな問題 基本編⑮

次のくずし字を解読してください。

(1)

(2)

(3)

(4)

(5)

解　答

(1)

目《め》出《で》たし与祝し

(2)

奉公人ハ主人の召仕

(3)

進退究《きわめ》たる所に

(4)

御好みを承《うけたまわっ》て

(5)

捨よと下《げ》知《ち》し給ふ

▶書いて覚えよう

出

召

所

承

捨

漢字ひらがな問題 基本編⑯

次のくずし字を解読してください。

(1)

(2)

(3)

(4)

(5)

解　答

(1)

不便にせさせ給ひける

(2)

用意して相待候へ

(3)

曲《くせ》事《ごと》ニて三ケ年以前に

※「曲事」…不正な行為、法に背くこと

※「事」は異体字の「叓」

(4)

申けるとそ

(5)

百性已下迄
せこ(背子)に出さる

※正しくは「百姓」。多く見られ誤記とはしない

※「迄」は異体字の「迠」

▶書いて覚えよう

便　意　前　申　迠(迄)

漢字ひらがな問題 基本編⑰

次のくずし字を解読してください。

(1)

(2)

(3)

(4)

(5)

解答

(1)

御雑《ぞう》談《だん》の次而《ついで》に

(2)

如何《いかが》思召《おぼしめし》けるや

(3)

両人共にうつけ

(4)

かろ〱敷

(5)

相聞候事《こと》實《じち》(実)ならハ

▶書いて覚えよう

談

何

両

敷

實(実)

漢字ひらがな問題 基本編⑱

次のくずし字を解読してください。

(1) (2) (3) (4) (5)

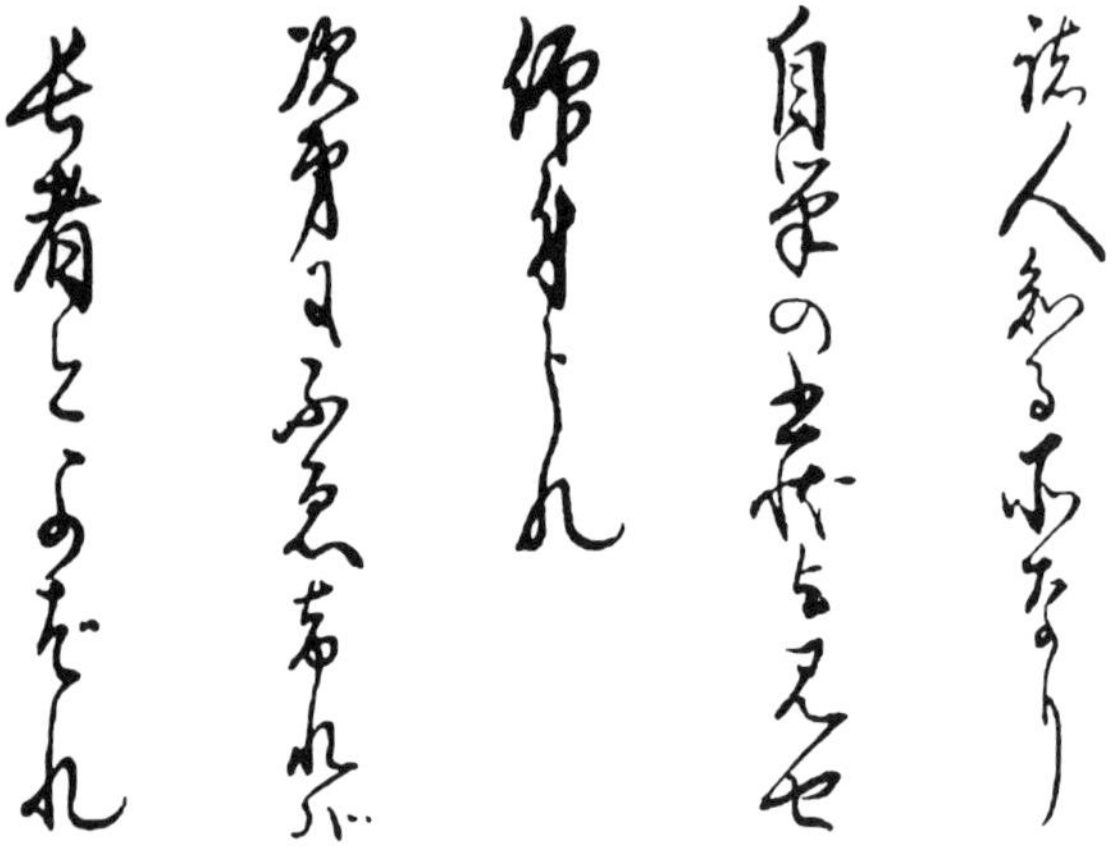

解答

(1)

諸人知る所なり

(2)

自筆の書状を見せ

(3)

仰付られ

(4)

次第にふゑけれバ

(5)

長者とよばれ

▶書いて覚えよう

諸

書

仰

第

長

漢字ひらがな問題 基本編⑲

次のくずし字を解読してください。

(1)　(2)　(3)　(4)　(5)

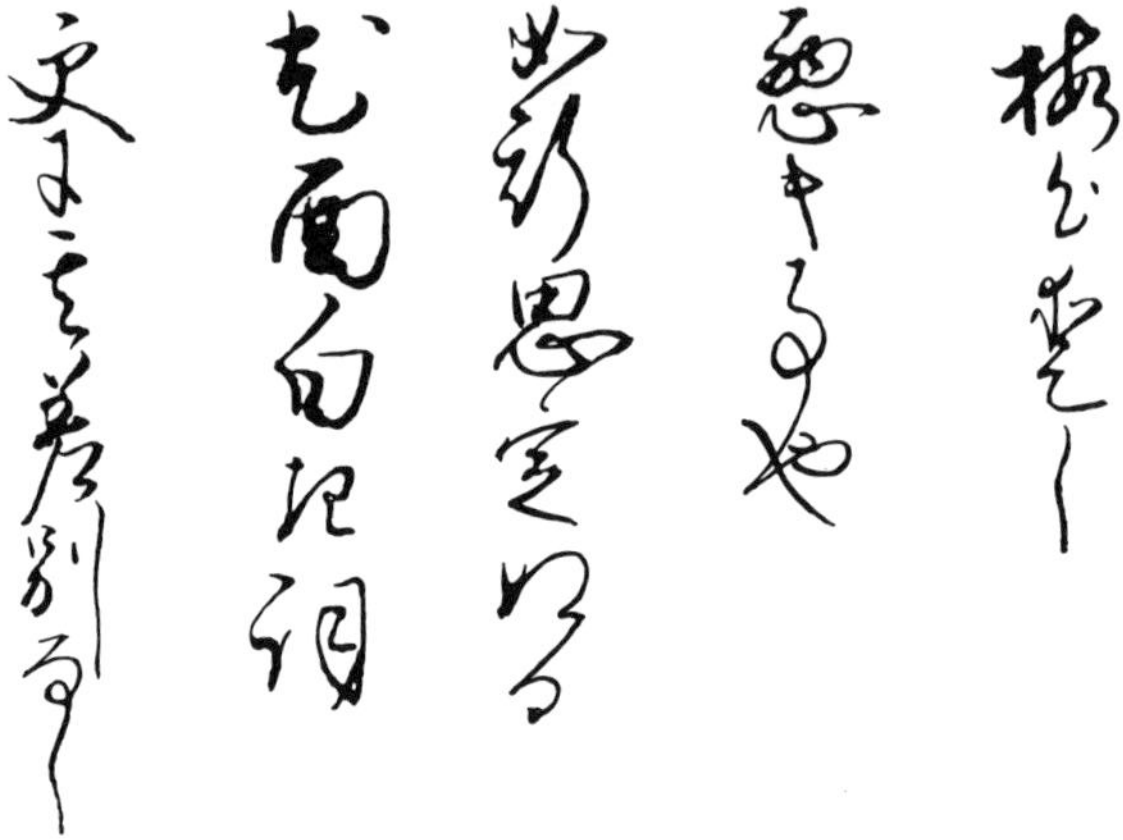

解答

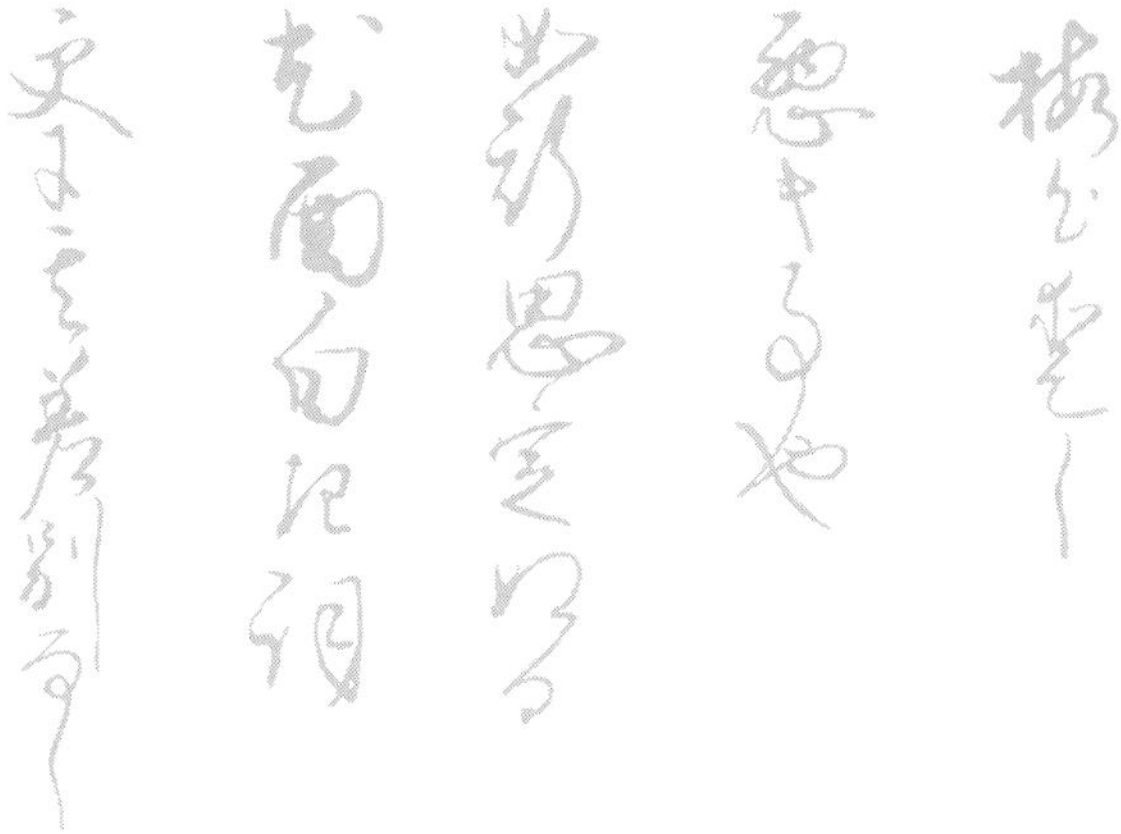

(1) 梅を愛し

(2) 悪《あし》キ事也

(3) 如斯《（かくのごとく）》思定《さだめ》ぬる

(4) 尤《もっとも》面白き詞《ことば》

(5) 更に其差別なし

▶書いて覚えよう

梅　也　斯　尤　更

漢字ひらがな問題 基本編⑳

次のくずし字を解読してください。

(1)

(2)

(3)

(4)

(5)

解答

(1)

上手に仕立参らせて

(2)

行ひ給ふ時

※「時」は異体字の「时」

(3)

敵不残《のこらず》討取ける

(4)

如此《かくのごとく》の事も記し

(5)

他ハ語るに不及《およばず》

▶書いて覚えよう

参

时（時）

敵

此

不

漢字ひらがな問題 応用編①

次のくずし字を解読してください。

(1)

(2)

(3)

(4)

(5)

解答

(1)

嫌ひ捨る

(2)

同志にてあれば

※「」は漢字ではなく「れ」

(3)

専《もっぱら》家藝(芸)を勤

※「」は「専」

(4)

洩《もれ》る事なしと

(5)

古語に非《あらず》や

漢字ひらがな問題 応用編②

次のくずし字を解読してください。

(1) (2) (3) (4) (5)

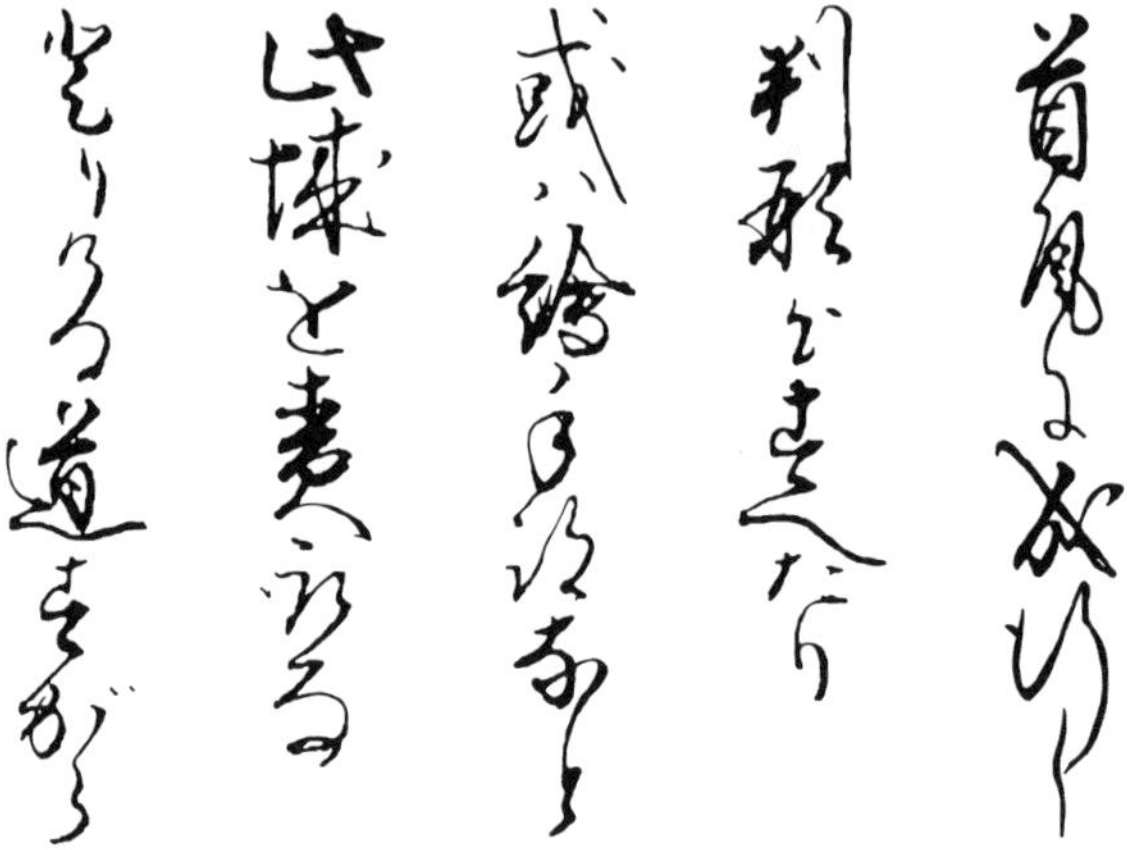

解答

(1)

首尾に成《なり》行《ゆき》し

(2)

判形をすへたり

(3)

或ハ繪(絵)手《しゅ》跡《せき》なと

※「手跡」は筆跡のこと

(4)

此城を責取る

(5)

登りける道すがら

※は「登」か「と」

漢字ひらがな問題 応用編③

次のくずし字を解読してください。

(1)

(2)

(3)

(4)

(5)

解答

(1)

能《よく》心得給ふ

▼（能）→覚えよう！

(2)

志を喪《うしな》ふといへり

(3)

思ふ所は異也

※の字母は「盤」

※「異」は異体字「旲」

(4)

寔《まこと》に心を可入《（いるべき）》事

▼（寔）→覚えよう！

(5)

影の随ふが如し

漢字ひらがな問題 応用編④

次のくずし字を解読してください。

(1)

(2)

(3)

(4)

(5)

解　答

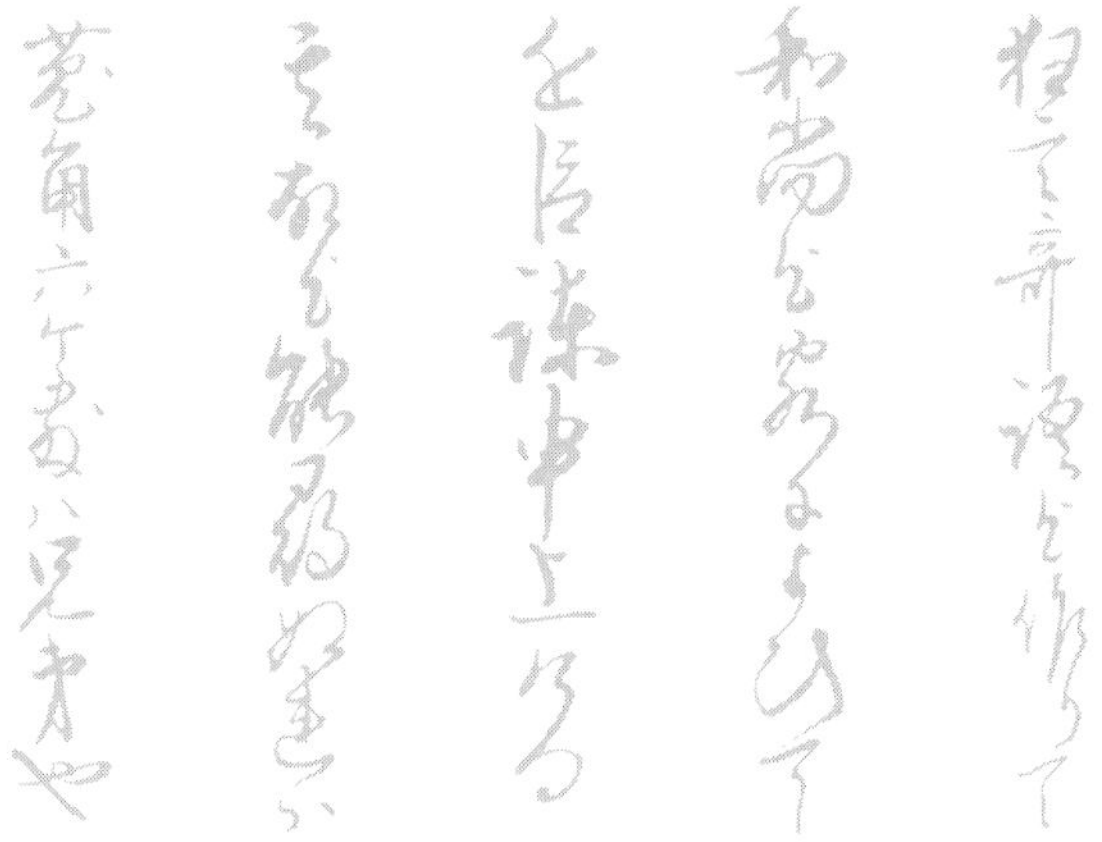

(1) 狂言奇語《きょうげんきご》を作りて

※「狂言」は道理にはずれた語

※「奇語」は正しくは「綺語」、飾り立てた語

(2) 和尚を客によひて

▼（客）→覚えよう！

(3) 近臣諫《いさめ》申上ける

(4) 其故を能《よく》尋ぬれハ

(5) 兎角六ケ敷《とかくむずかしき》ハ兄弟也

※「兎」はここでは「菟」になっている

【豆知識】

「和尚」は宗派によって読み方が違います。

わじょう→浄土真宗・律宗・真言宗など

かしょう→華厳宗・天台宗など

おしょう→禅宗・浄土宗など

漢字ひらがな問題 応用編⑤

次のくずし字を解読してください。

(1)

(2)

(3)

(4)

(5)

解　答

(1)

(2)

(3)

(4)

(5)

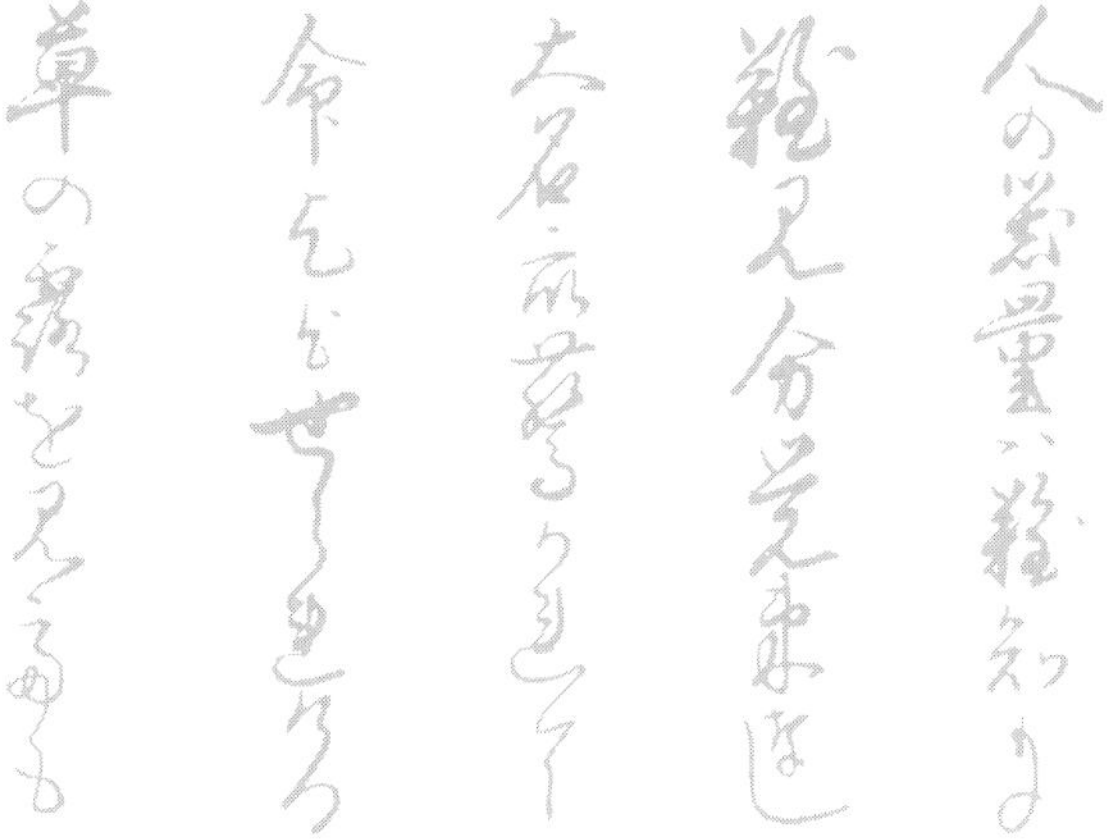

人の器量ハ難知《しりがたき》もの

難見分《みわけがたく》覚束《おぼつか》なし

▼（難）→覚えよう

大名衆驚かれて

命乞《いのちごい》をせられける

▼（乞）→覚えよう

草の露を見ても

※（て）の字母は「帝」

漢字ひらがな問題 応用編⑥

次のくずし字を解読してください。

(1)

(2)

(3)

(4)

(5)

解　答

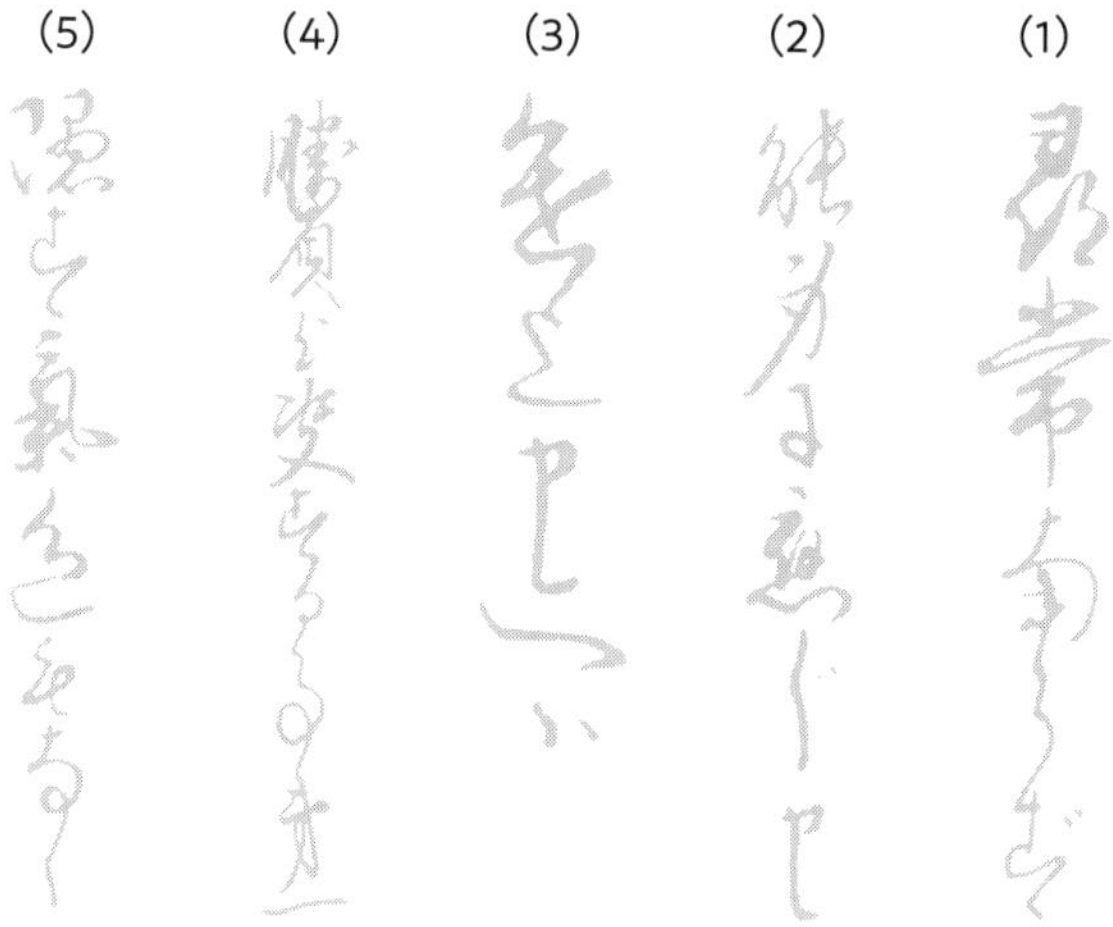

(1)
尋常ならず
※(な)の字母は「南」

(2)
能身に應(応)じ申候
※は「申」、は「候」

(3)
遣《やり》上《あげ》申候へハ
※「遣上」…成し遂げる

(4)
勝負を決する事第一
※「負」は異体字の「屓」

(5)
隠す氣《け》(気)色《しき》もなし
※「気色」…様子

漢字ひらがな問題 応用編⑦

次のくずし字を解読してください。

(1)

(2)

(3)

(4)

(5)

解　答

(1)

臆《おく》せす振舞事

(2)

後《ご》詰《づめ》を仕《つかまつ》らん

(3)

穿《せん》鑿《さく》を遂けれバ

※「穿鑿」…綿密に調査する、尋ねる

(4)

扨《さて》も不審難晴《(はれがたく)》

▼(扨)→覚えよう

(5)

云事を終《つい》にきかず

▼(終)→覚えよう

漢字ひらがな問題 応用編⑧

次のくずし字を解読してください。

(1)

(2)

(3)

(4)

(5)

解　答

(1)

退出の礼義にも及ハす

▼（出）↓覚えよう

(2)

即時に答《こたう》る人なし

▼（即）↓覚えよう

※「時」は異体字の「时」

(3)

深く頼まれしかとも

(4)

与《ふ》風《と》いふへき事也

※「与風」…すばやく

(5)

頻《しきり》に御尋在《あり》けれバ

漢字ひらがな問題 応用編⑨

次のくずし字を解読してください。

(1)　(2)　(3)　(4)　(5)

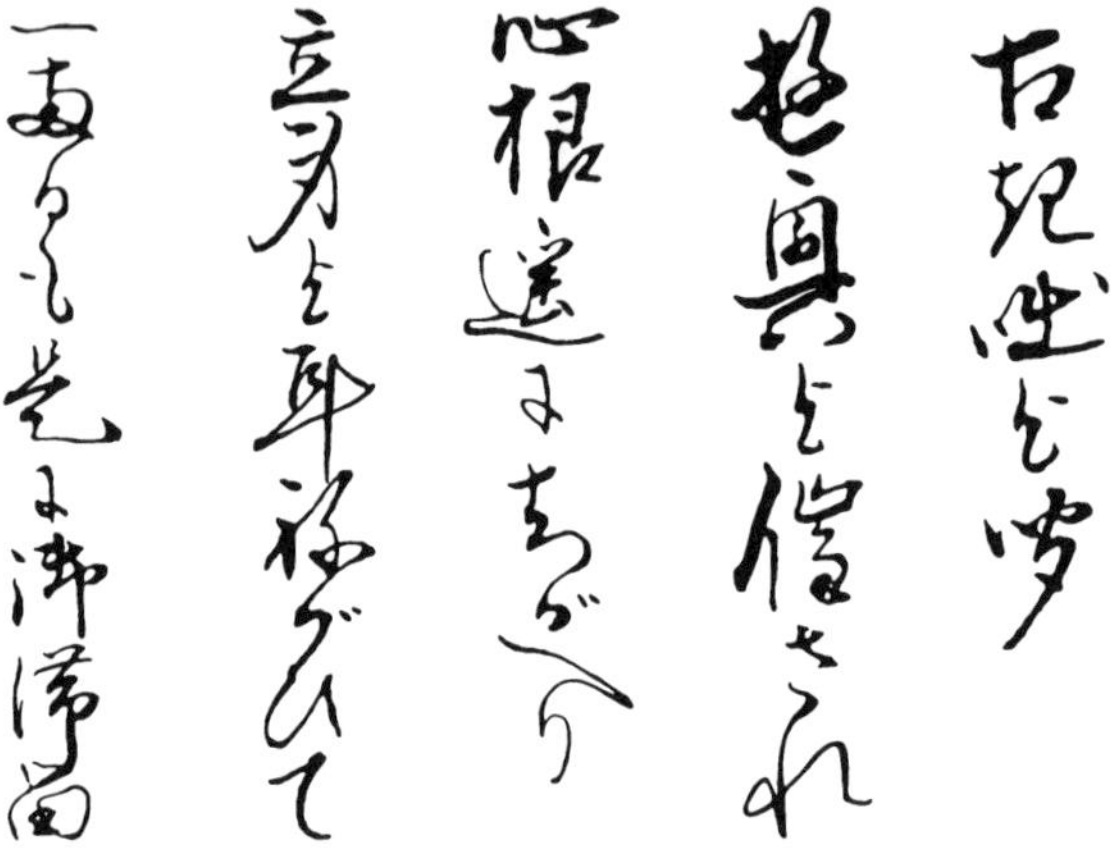

解答

(1)　(2)　(3)　(4)　(5)

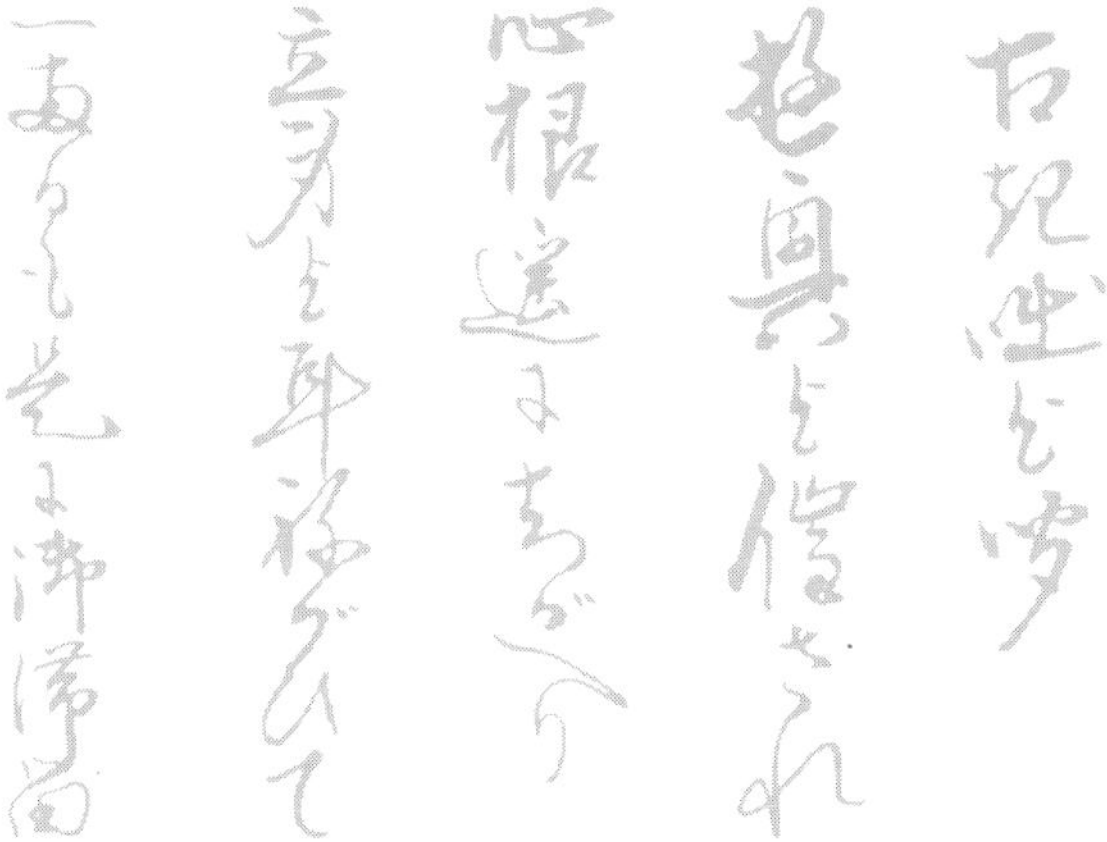

(1) 古き咄《はなし》を聞

(2) 遊興《ゆうきょう》を催《もよお》され

▼（遊）・（興）→覚えよう

(3) 心根遥《はるか》にちがへり

(4) 立身を耳《のみ》ねがひて

※「耳」で「のみ」と読む

(5) 一両日も是に御滞留

漢字ひらがな問題 応用編⑩

次のくずし字を解読してください。

(1)

(2)

(3)

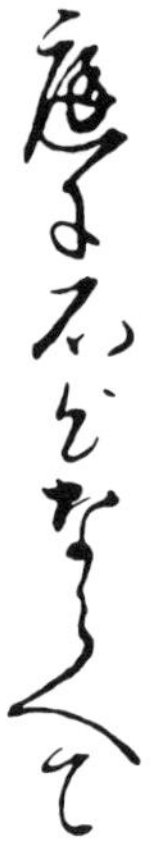

(4)

(5)

解答

(1)

消息のはしに書付

▼（書）→覚えよう

(2)

書とゝめ侍《はべ》りぬ

(3)

庭に石をならへて

▼（庭）→覚えよう

(4)

晴やらぬ心の闇のふかき

(5)

御ゆづりを受給ふ

※は「遊」か「ゆ」

常用表現問題 80

ここでは「地《じ》方《かた》（農村）文《もん》書《じょ》」や「町《まち》方《かた》文書」に頻出する表現を学びます。「可」「被」「候」「文書の表題」「文書の最後」「よく見られる表現」「その他の注意すべき表現」の七つに分け、合計八〇問出題しています。

よく見られる常用的な表現なので、かなりくずして書かれていますから、ひとかたまりの字形として覚えてください。

漢文体で表記されることが多いので、読み下し文を参考に、読み方も併せてマスターしてください。

常用表現問題①「可」

次のくずし字を解読してください。

(1)

(2)

(3)

(4)

(5)

(6)

(7)

(8)

(9)

(10)

解答と読み下し文

(1) 可有言上
(言上《ごんじょう》有《あ》るべし)

(2) 可為御下知
(御下知《ごげち》たるべし)

(3) 可申上候
(申《もう》し上《あ》ぐべく候《そうろう》)

(4) 可仕之由
(仕《つかまつ》るべきの由《よし》)

(5) 可然様ニ
(然《しか》るべき様《よう》に)

(6) 可令詮儀
(詮儀《せんぎ》せしむべし)

(7) 可然様ニ奉頼候
(然《しか》るべき様《よう》に頼《たの》み奉《たてまつ》り候《そうろう》)

(8) 可有御座事とハ不存候
(御座《ござ》有《あ》るべき事《こと》とは存《ぞん》ぜず候《そうろう》)

(9) 可被相守此旨者也
(此《こ》の旨《むね》相《あい》守《まも》らるべき者《もの》也《なり》)

(10) 可被得其意之旨
(其《そ》の意《い》を得《え》らるべきの旨《むね》)

常用表現問題② 「被」

次のくずし字を解読してください。

(1)

(2)

(3)

(4)

(5)

(6)

(7)

(8)

(9)

(10)

解答と読み下し文

（1）被　仰付
（仰《おお》せ付《つ》けられ）

（2）可被　仰付候哉
（仰《おお》せ付《つ》けらるべく候《そうろう》や）

（3）被　仰上
（仰《おお》せ上《あ》げられ）

（4）被　思召
（思《おぼ》し召《め》され）

（5）無御心許被　思召
（御《お》心許《こころもと》なく思《おぼ》し召《め》され）

（6）被成御座
（御座《ござ》成《な》され）

（7）御聞被成候
（御《お》聞《き》き成《な》され候《そうろう》）

（8）聞召て被仰けるハ
（聞《き》こし召《め》して仰《おお》せられけるは）

（9）停止に可被仰付
（停止《ちょうじ》に仰《おお》せ付《つ》けらるべく）

（10）御尋被成ける時
（お尋《たず》ね成《な》されける時《とき》）
※「時」は異体字の「时」

▶解読のポイント

闕字《けつじ》…（1）～（5）のように、一字空ける表記法を闕字といいます。一字空けることで相手に対する敬意を表しています。

平出《へいしゅつ》…闕字と同様、敬意を表するために改行する表記法を平出といいます。

常用表現問題③「候」

次のくずし字を解読してください。

(1)

(2)

(3)

(4)

(5)

(6)

(7)

(8)

(9)

(10)

解答と読み下し文

(1) 御坐候（御《ご》坐《ざ》候《そうろう》）

(2) 御座候（御《ご》座《ざ》候《そうろう》）

※注意！「坐」と「座」は別字として表記

(3) 無御座候（御《ご》座《ざ》なく候《そうろう》）

(4) 左候而（左《さ》候《そうらい》て）

(5) 申候由（申《もう》し候《そうろう》由《よし》）

(6) 御座候得共（御《ご》座《ざ》候《そうら》えども）

(7) 左候へハ（左《さ》候《そうら》へば）

(8) 罷出候を（罷《まか》り出《い》で候《そうろう》を）

(9) 有難奉存候（有《あり》難《がた》く存《ぞん》じ奉《たてまつ》り候《そうろう》）

(10) 乍恐承及候趣（恐《おそ》れ乍《なが》ら承《うけたまわ》り及《およ》び候《そうろう》趣《おもむき》）

※「承及」で「うけたまわり」と読む場合も

常用表現問題④ 文書の表題に見られる表現1

次のくずし字を解読してください。

(1)

(2)

(3)

(4)

(5)

解答と読み下し文

(1)　乍恐以書付奉願上候
(恐《おそ》れ乍《なが》ら書付《かきつけ》を以《もっ》て願《ねが》い上《あ》げ奉《たてまつ》り候《そうろう》)

(2)　乍恐以書付御訴詔申上候
(恐《おそ》れ乍《なが》ら書付《かきつけ》を以《もっ》て御訴詔《ごそしょう》申《もう》し上《あ》げ候《そうろう》)

(3)　引取申一札之事
(引《ひ》き取《と》り申《もう》す一札《いっさつ》の事《こと》)
※「書付」も「一札」も文書・手紙の意味

(4)　下女下男取〆り方之事
(下女下男《げじょげなん》取《と》りしまり方《かた》の事《こと》)
※注意！「〆」はそのまま表記

(5)　勝負堅致間敷事
(勝負《しょうぶ》堅《かた》く致《いた》すまじき事《こと》)
※「負」は異体字の「貟」

常用表現問題⑤ 文書の表題に見られる表現 2

次のくずし字を解読してください。

(1)

(2)

(3)

(4)

(5)

解答と読み下し文

(1)
来り候ハ、早速可注進事
（来《き》たり候《そうら》はば早速《さっそく》注進《ちゅうしん》すべき事《こと》）

(2)
五人組遂吟味可申出候事
（五人組《ごにんぐみ》吟味《ぎんみ》を遂《と》げ申《もう》し出《い》ずべく候事《そうろうこと》）

(3)
急度過怠可申付候事
（きっと過怠《かたい》申《もう》し付《つ》くべく候事《そうろうこと》）
※「過怠」＝過失・罪科に対する罰金

(4)
五人組帳宗旨帳ニ茂名可記事
（五人組帳《ごにんぐみちょう》宗旨帳《しゅうしちょう》にも名《な》記《しる》すべき事《こと》）
※「茂」は「も」も可

(5)
百姓帯刀堅ク停止之事
（百姓《ひゃくしょう》帯刀《たいとう》堅《かた》く停止《ちょうじ》の事《こと》）

常用表現問題⑥ 文書の末文に見られる表現1

次のくずし字を解読してください。

(1)

(2)

(3)

(4)

(5)

解答と読み下し文

(1)
依之後日一札差上申候仍如件
(之《これ》に依《よ》って後日《ごじつ》一札《いっさつ》差《さ》し上《あ》げ申《もう》し候《そうろう》よって件《くだん》の如《ごと》し)

(2)
難有奉存候以上
(有難《ありがた》く存《ぞん》じ奉《たてまつ》り候《そうろう》以上《いじょう》)

(3)
為後日引取證(証)文仍如件
(後日《ごじつ》のため引《ひ》き取《と》り証文《しょうもん》よって件《くだん》の如《ごと》し)

(4)
少茂御苦労掛申間敷候為後日仍如件
(少《すこ》しもご苦労《くろう》掛《か》け申《もう》すまじく候《そうろう》後日《ごじつ》のためよって件《くだん》の如《ごと》し)

(5)
罷出急度可申披候
(罷《まか》り出《い》できっと申《もう》し披《ひら》くべく候《そうろう》)

常用表現問題⑦ 文書の末文に見られる表現 2

次のくずし字を解読してください。

(1)

(2)

(3)

(4)

(5)

解答と読み下し文

(1)
為後日引取譲済證(証)文仍如件
(後日《ごじつ》のため引《ひ》き取《と》り譲《ゆず》り済《ず》み証文《しょうもん》よって件《くだん》の如《ごと》し)

(2)
随分入念相仕立差上可申候以上
(随分入念《ずいぶんにゅうねん》に相仕立《あいした》て差《さ》し上《あ》げ申《もう》すべく候《そうろう》以上《いじょう》)

(3)
此段何分御慈悲奉願上候以上
(此段何分《このだんなにぶん》の御慈悲《ごじひ》願《ねが》い上《あ》げ奉《たてまつ》り候《そうろう》以上《いじょう》)

(4)
為後日地受状仍如件
(後日《ごじつ》の為地受状《ためじうけじょう》よって件《くだん》の如《ごと》し)

(5)
無相違相済可申候為後日之一札仍而如件
(相違《そうい》なく相済《あいす》み申《もう》すべく候《そうろう》後日《ごじつ》のため一札《いっさつ》よって件《くだん》の如《ごと》し)

※「違」は異体字の「逺」

常用表現問題⑧ よく見られる表現

次のくずし字を解読してください。

(1)

(2)

(3)

(4)

(5)

(6)

(7)

(8)

(9)

(10)

解答と読み下し文

(1) 不及是非（是非《ぜひ》に及《およ》ばず）

(2) 因茲（これにより）

(3) 自今以後（自今以後《じこんいご》・今より以後）

※意味は「現在から先、今から後」

(4) 不奉存与申上る（存《ぞん》じ奉《たてまつ》らずと申《もう》し上《あ》げる）

※「与」は「と」も可

(5) 仍執達如件（よって執達件《しったつくだん》の如《ごと》し）

(6) 在之間敷儀（これあるまじき儀《ぎ》）

(7) 常々無油断（常々《つねづね》油断《ゆだん》なく）

(8) 然る間（然《しか》る間《あいだ》）

(9) 尤之儀（尤《もっとも》の儀《ぎ》）

(10) 相違無御座所如件（相違御座無《そういござな》き所件《ところくだん》の如《ごと》し）

※「違」は異体字の「遠」

常用表現問題⑨ その他の注意すべき表現1

次のくずし字を解読してください。

(1)

(2)

(3)

(4)

(5)

(6)

(7)

(8)

(9)

(10)

解答と読み下し文

(1) 有問敷

（あるまじき）

(2) 左様に思召さハ

（左《さ》様《よう》に思《おぼし》召《め》さば）

(3) 有の儘

（ありのまま）

※「侭」は「儘」の俗字なので「儘」に

(4) 以の外の曲事也

（以《もって》の外《ほか》の曲《くせ》事《ごと》なり）

※「曲事」…不正な行為、法に背くこと

(5) 罷出ける

（罷《まか》り出《いで》ける）

(6) 兼而可得其意旨

（兼《かね》て其《そ》の意《い》を得《う》べき旨《むね》）

(7) 慥に承る

（慥《たしか》に承《うけたまわ》る）

(8) 慥成においてハ

（慥《たしか》成《なる》においては）

(9) 乍然

（さりながら）

(10) 能折節なれハ

（能《よ》き折《おり》節《ふし》なれば）

常用表現問題⑩ その他の注意すべき表現2

次のくずし字を解読してください。

(1)

(2)

(3)

(4)

(5)

(6)

(7)

(8)

(9)

(10)

解答と読み下し文

(1)
店借地借之者
（店《たな》借《がり》地《じ》借《がり》の者《もの》）

(2)
庄屋年寄
（庄屋《しょうや》年寄《としより》）

(3)
先例之通可差出候
（先例《せんれい》の通《とお》り差《さ》し出《いだ》すべく候《そうろう》）

(4)
不相應（応）義有之
（不相応《ふそうおう》の義《ぎ》これあり）

(5)
右同断無油断
（右同断《みぎどうだん》油断《ゆだん》なく）

(6)
承引不仕早速注進
（承引《しょういん》仕《つかまつ》らず早速《さっそく》注進《ちゅうしん》）
※「承」は異体字の「兼」

(7)
出来候ハ、
（出来《しゅったい》候《そうら》はば）

(8)
委細書付
（委細《いさい》書《か》き付《つ》け）

(9)
印形無之
（印形《いんぎょう》これなし）

(10)
御取箇幷夫食
（御《お》取《とり》箇《か》幷《ならび》に夫食《ぶじき》）
※「取箇」…田畑に課した年貢
※「夫食」…農民の食料一般を指す

一行問題50

ここでは一行問題を五〇問出題しています。「漢字ひらがな」の問題と重複している箇所もありますので、解読の知識の確認をしてください。

読めない文字があっても、文章として意味が通るように考えていくと正しい解読につながることもあります。

この問題がほぼ読めるようになっていれば、あなたの解読力はかなりの域に達しているはずです。

解読文は適宜ふりがなを振り、旧字や異体字、若干の解説も入れてあります。

ここでも助詞の「而」「者」「茂」「与」「江」「二」は、解読の際は右に小さい字（右寄せ小字）で表記しましょう。

一行問題①

次のくずし字を解読してください。

(1) (2) (3) (4) (5)

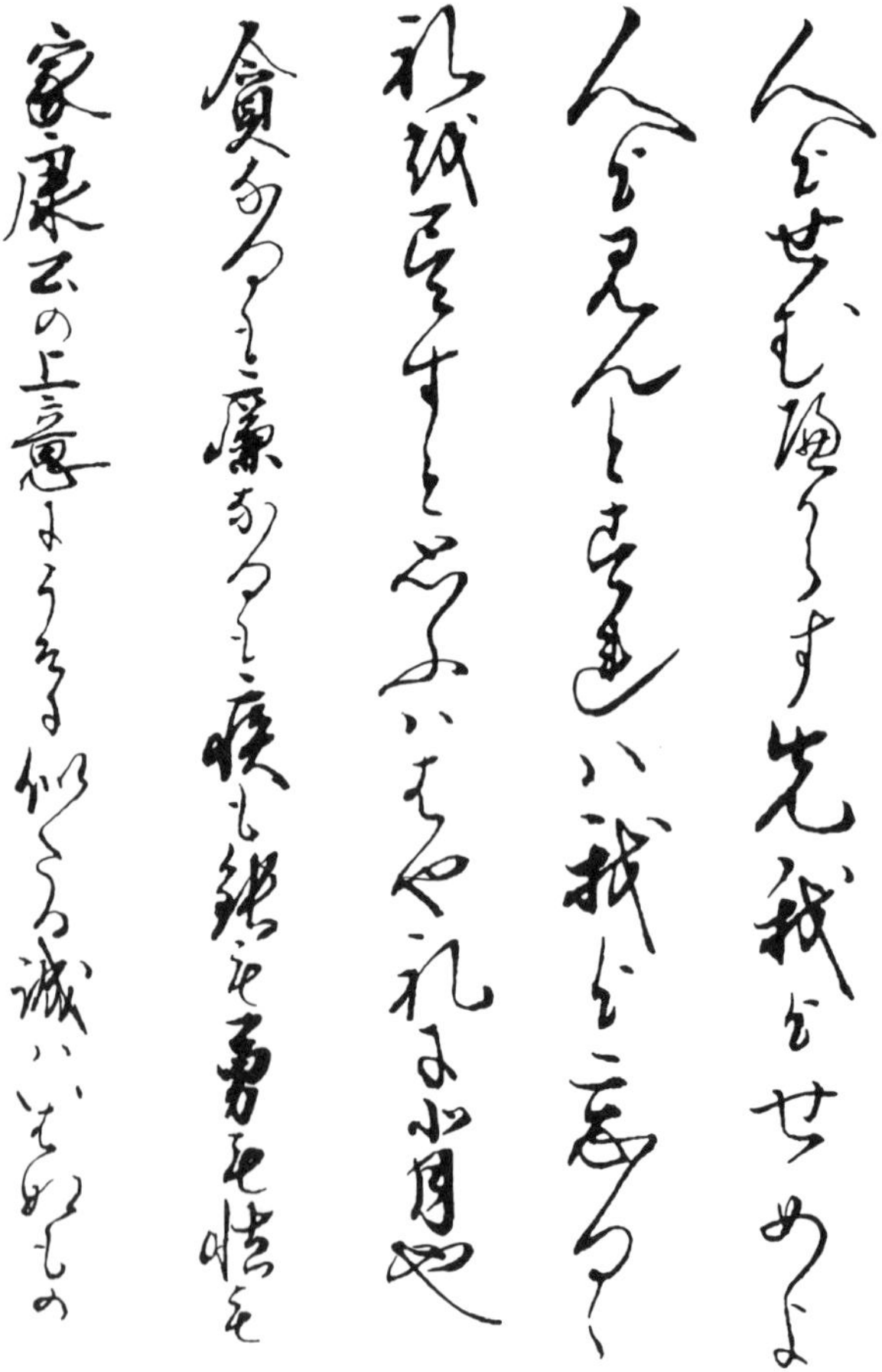

解答

(1) 人をせむへからす先《まず》我をせめよ

(2) 人を見んとすれハ我を忘るゝ

(3) 礼を尽すと思ふハはや礼に背《そむく》也

(4) 貪《どん》なるも廉《れん》なるも疾《しつ》も鈍《どん》も勇も慎《しん》も

(5) 家康公の上《じょう》意《い》にうそに似たる誠ハいはぬもの

一行問題②

次のくずし字を解読してください。

(1)　(2)　(3)　(4)　(5)

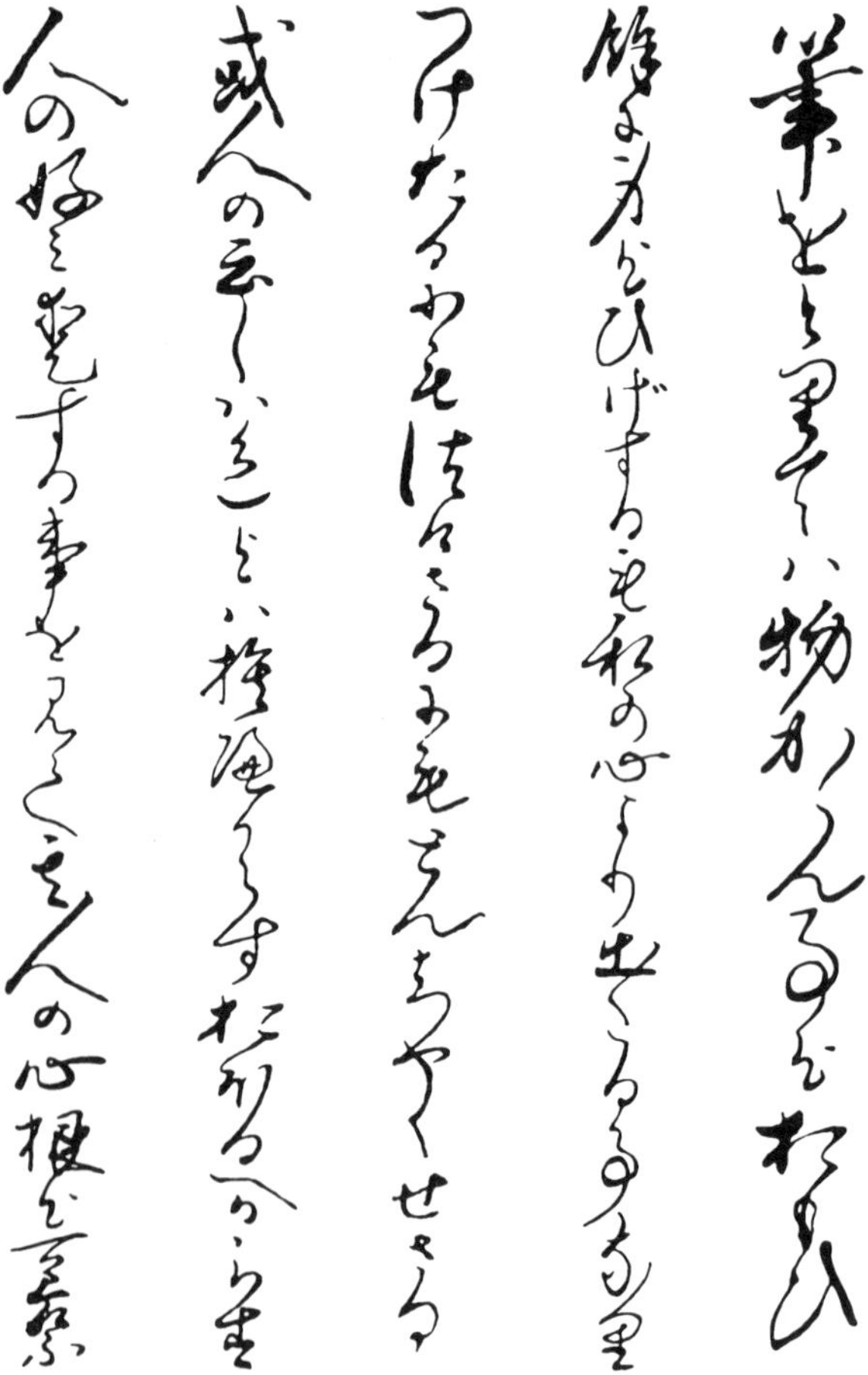

解答

(1) 筆をとりてハ物かゝん事をおもひ

(2) 餘(余)に身をひげするも私の心より出《いで》たる事なり

※「ひげ」＝「卑下」

(3) つけたるにもつけさるにもとんちやくせさる

※「とんちゃく」＝「頓着」

(4) 或人の云しハ色をハ捨へからすおほるへからす

(5) 人の好み愛する事を見て其人の心根を可察《(さっすべし)》

一行問題③

次のくずし字を解読してください。

(1) (2) (3) (4) (5)

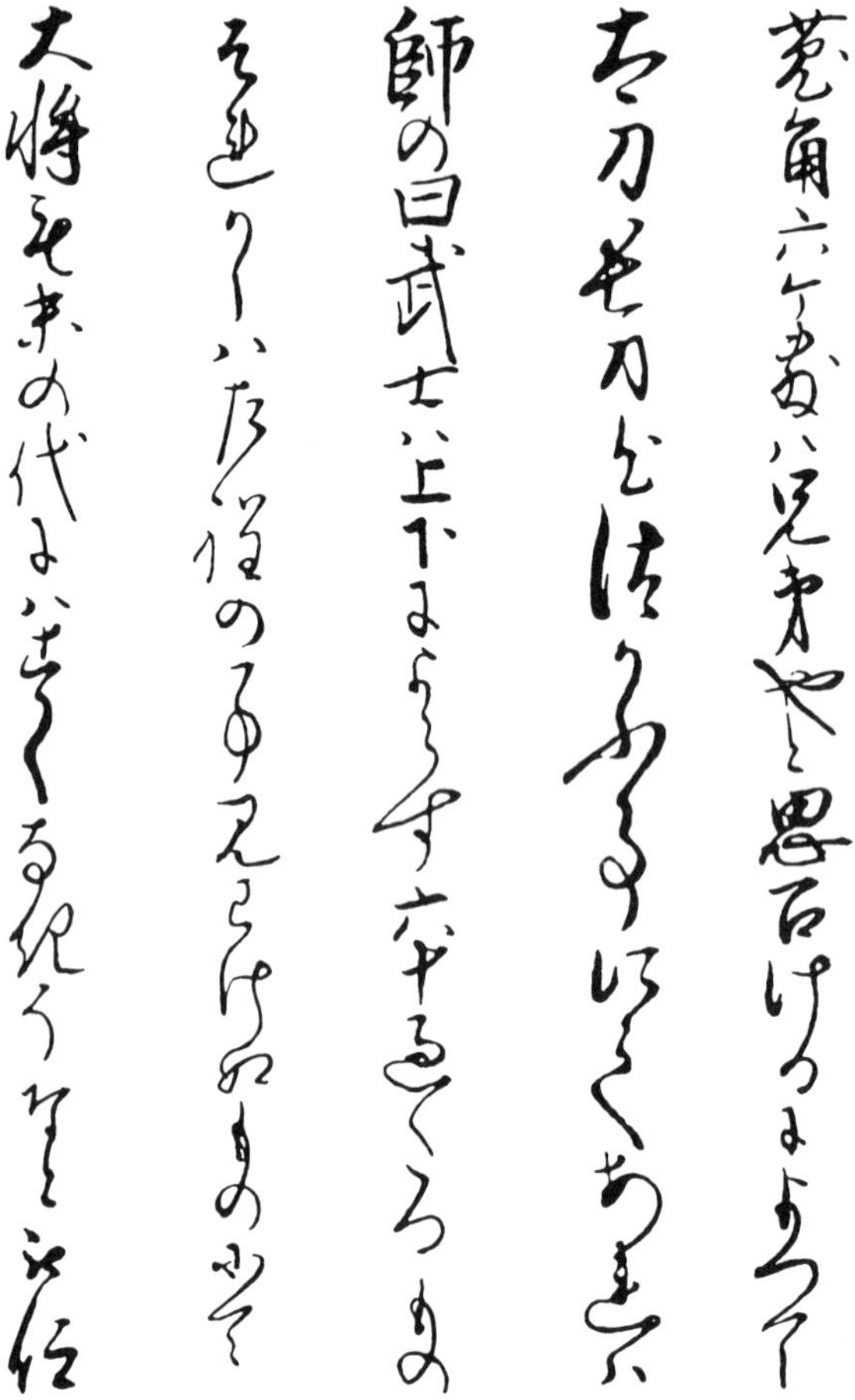

解　答

(1)　兎《と》角《かく》六ケ敷《むずかしき》ハ兄弟也と思召《おぼしめし》けるによつて

※「兎」は「菟」になっている

(2)　太刀《たち》長刀《なぎなた》をつかふ事にてあれハ

(3)　師の曰《いわく》武士ハ上下によらす六十過たるもの

(4)　それかしハ左程の事見わけぬものにて

(5)　大将も末の代にハすくなきそなと被仰（おおせられ）

一行問題④

次のくずし字を解読してください。

(1)　(2)　(3)　(4)　(5)

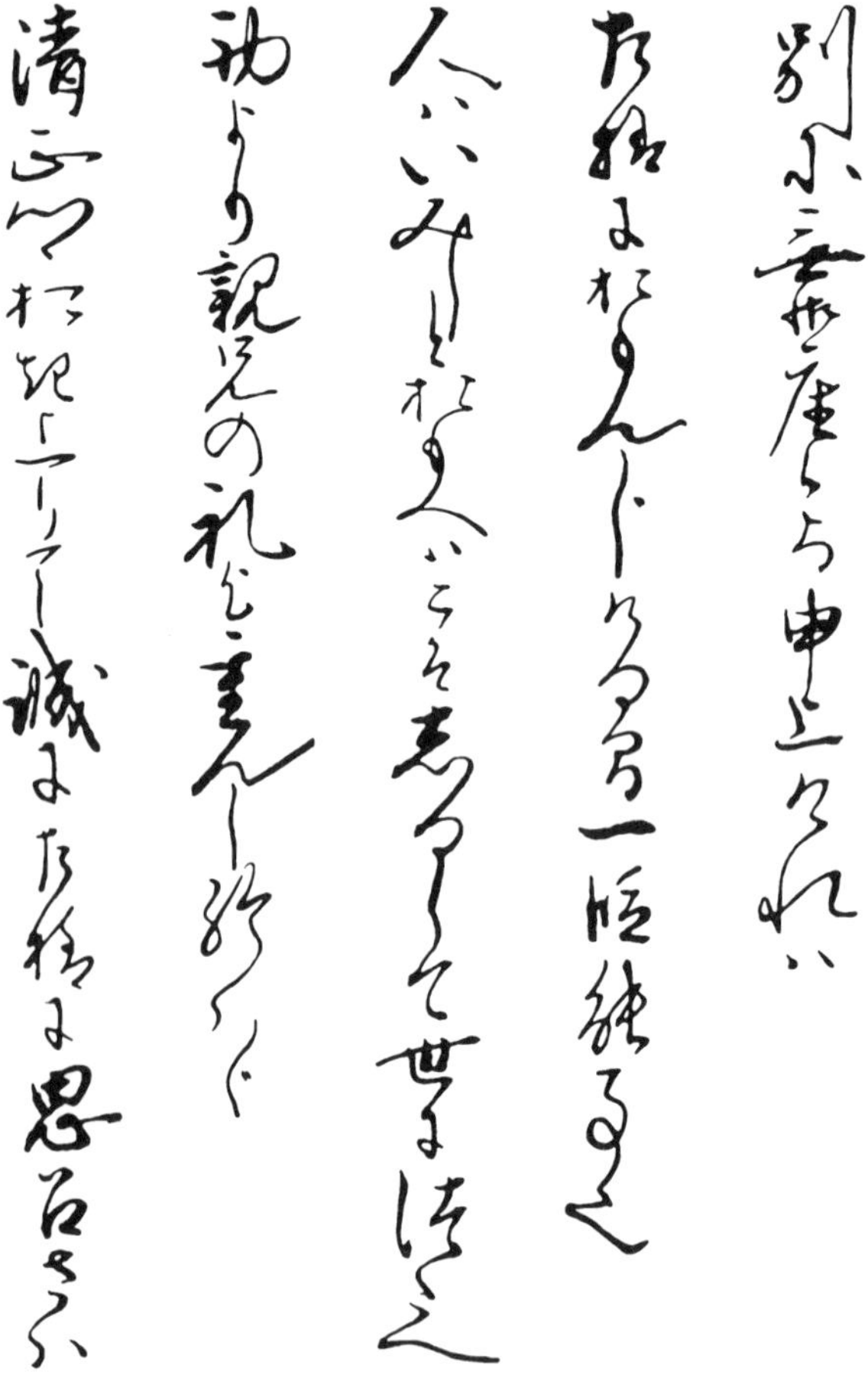

解　答

（1）別に無御座《（ござなく）》候与申上けれハ

※は「と」も可

（2）左様におもんじける間一段能事《よきこと》也

（3）人ハいみしとおもへハこそしるして世につたへ

（4）初より親兄《しんきょう》の礼を重んし給ハヾ

（5）清正卿おき上りて誠に左様に思召《おぼしめ》さハ

※は「卿」

一行問題⑤

次のくずし字を解読してください。

(1)

(2)

(3)

(4)

(5)

解答

（1）身躰（体）の大小又ハ貧福に應（応）すると心得よ

（2）悪を見ても身にかへり勤給ふべし

（3）兼好の時代から左様に有《あり》つるとみえたり

※「兼好」は吉田兼好のこと

※「時」は異体字の「时」

（4）左程の哥（歌）人ハ出《しゅっ》来《たい》させ給ハすや

※「哥」は「歌」の古字

（5）飛道具をもつはきたなし

一行問題⑥

次のくずし字を解読してください。

(5)　(4)　(3)　(2)　(1)

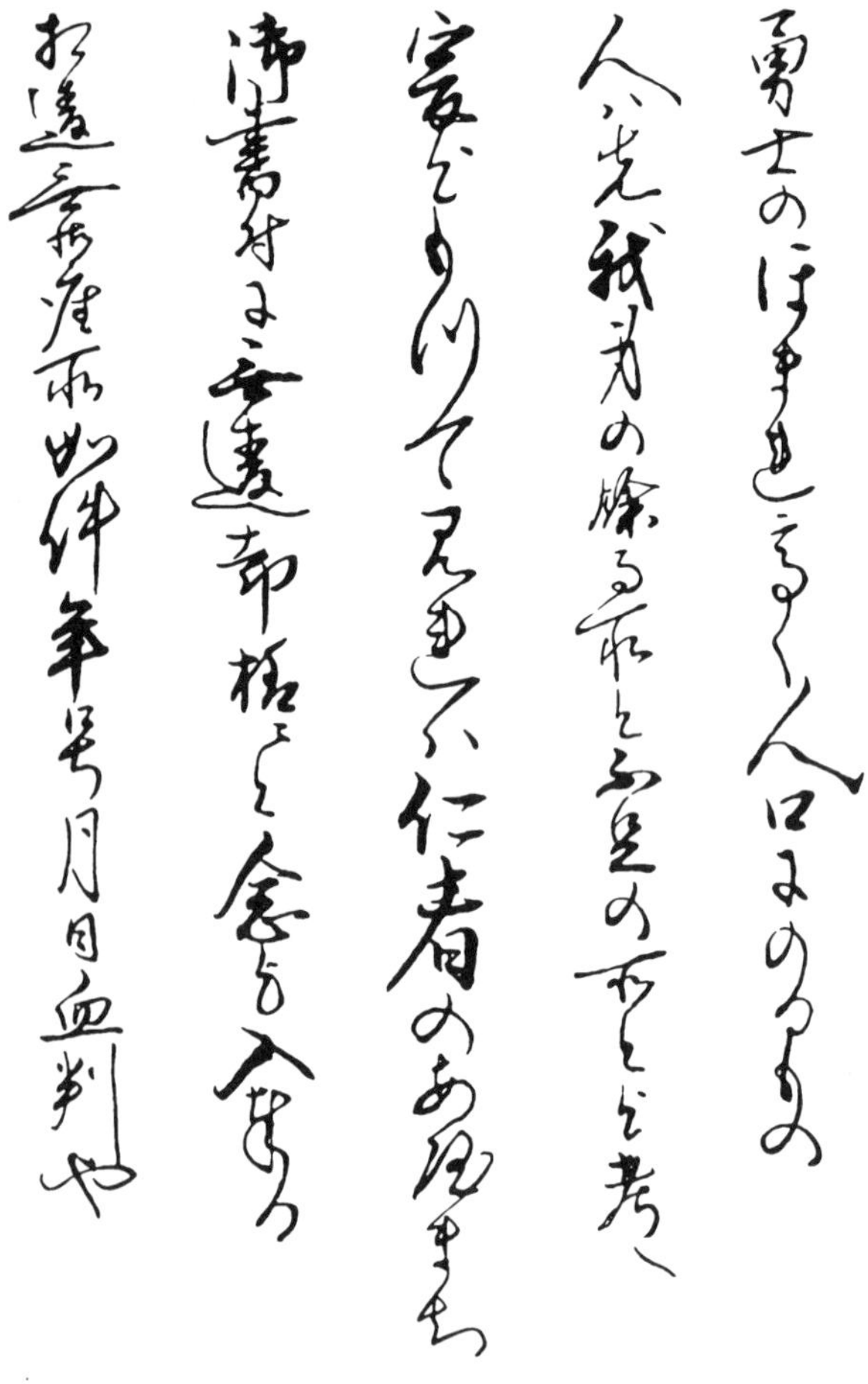

解　答

(1)　勇士のほまれ高く人《じん》口《こう》にのるもの

(2)　人ハ先《まず》我身の餘(余)る所と不足の所とを考へ

(3)　爰《ここ》をもつて見れハ仁《じん》者《しゃ》のあやまち

(4)　御書付に無違却《（いきゃくなき）》様《よう》ニと念を入奉る

※「違却」…道理からはずれること

※「違」は異体字の「逘」。(5)も同様

(5)　相《そう》違《い》無御座《（ござなき）》所如件《（くだんのごとし）》年号月日血判也

一行問題⑦

次のくずし字を解読してください。

(5)　(4)　(3)　(2)　(1)

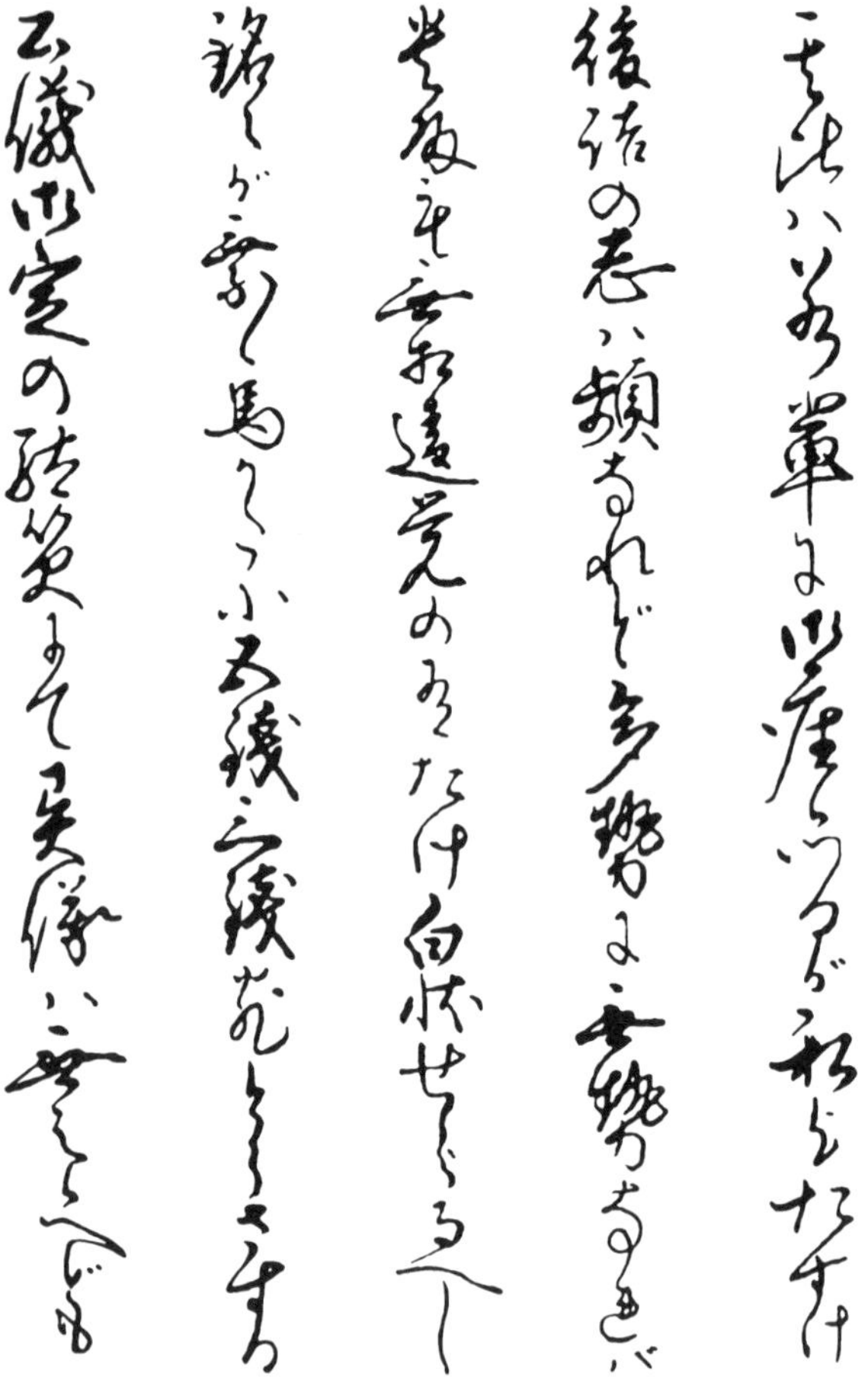

解　答

(1)

其比《そのころ》ハ若輩に御座候つるが私をたすけ

(2)

後詰《ごづめ》の志ハ頻《しきり》なれど多勢に無勢《ぶぜい》なれバ

(3)

貴殿も無相違《（そういなき）》覚《おぼえ》の有《あり》たけ白状せらるへし

※「違」は異体字の「逺」

※「有たけ」＝「有丈」。ある限り

(4)

銘々が乗候馬かたに五銭三銭宛《ずつ》とらさする

(5)

公儀《こうぎ》御定の駄賃《だちん》にて異儀ハ無之《（これなく）》候へども

※「異」は異体字「㚹」

一行問題⑧

次のくずし字を解読してください。

(5)　(4)　(3)　(2)　(1)

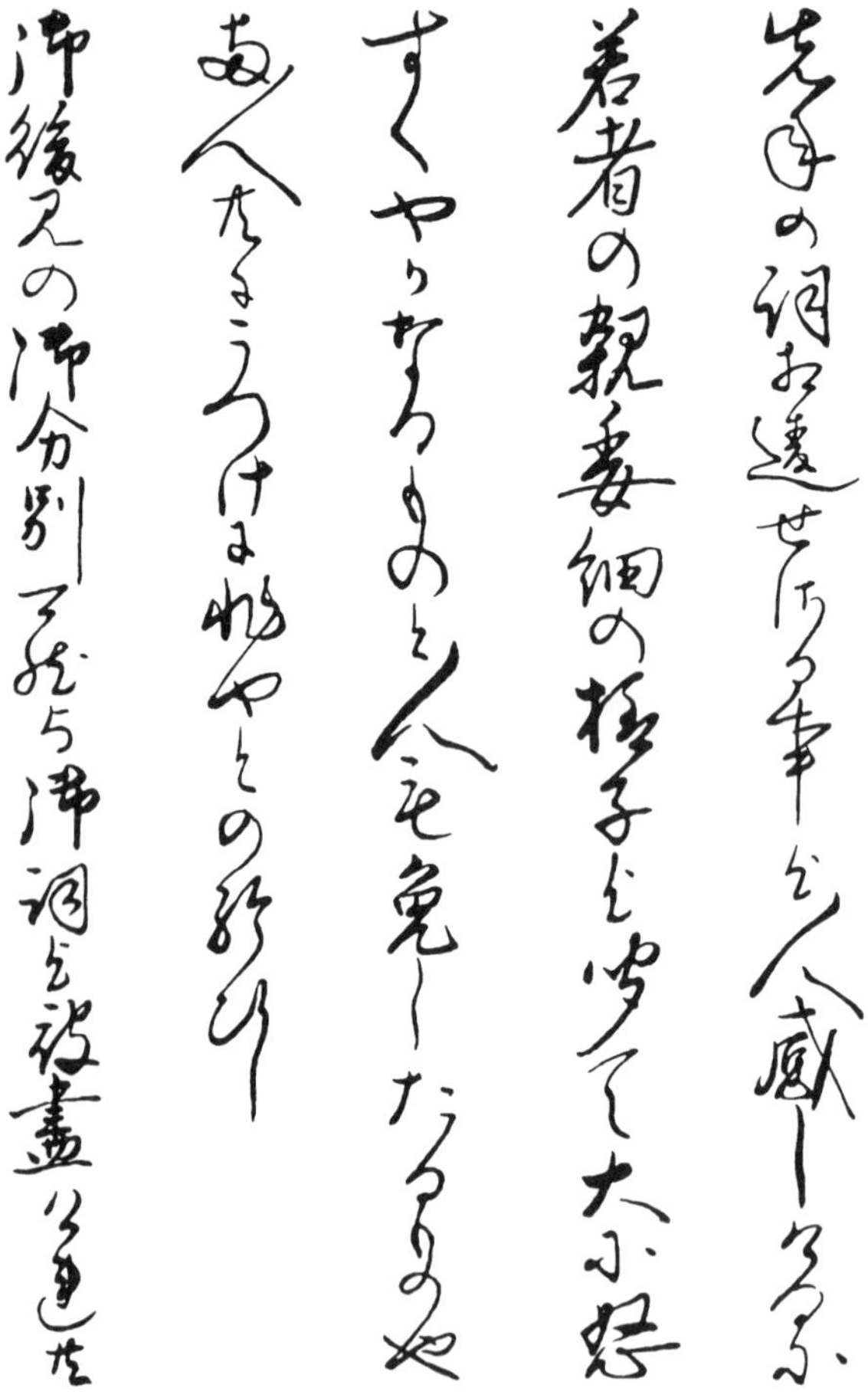

解　答

(1) 先年の詞《ことば》相違せさる事を人感しけるに

※「違」は異体字の「逺」

(2) 若者の親委細の様子を聞て大に怒

(3) すくやかなるものと人も免《めん》したるもの也

(4) 両人共にうつけに非《あらず》やとの給ひし

(5) 御後見の御分別可然《しかるべし》与御詞《ことば》を被盡《つくされ》(尽)けれ共

※「盡」は「尽」の旧字

一行問題⑨

次のくずし字を解読してください。

(5)　(4)　(3)　(2)　(1)

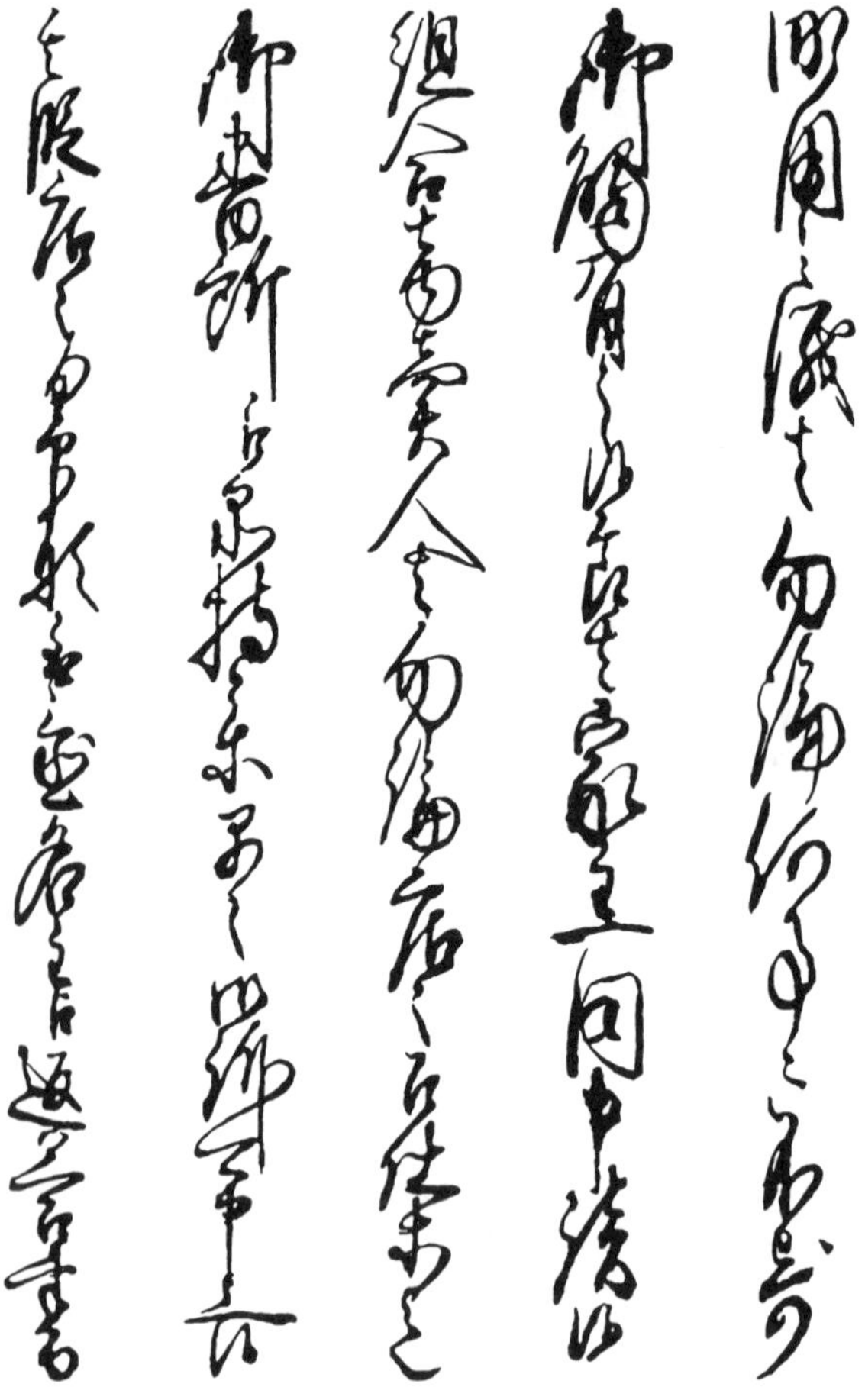

解答

(1) 町用之儀者勿論《もちろん》何事ニ不寄《よらず》

※「者」は右寄せ小字に（「は」でも可。大きな文字で「者」は不可）

(2) 御《お》觸《ふれ》（触）有之《これあり》候節者家主一同申談候

(3) 組合商賣（売）人者勿論店《たな》々《だな》召仕等迄

(4) 御番所江品持参早々御訴可申上《もうしあぐべく》候

(5) 其段店々ゟ印形取置名《な》主《ぬし》江返答書

※「名主」は中世では「みょうしゅ」と読む

一行問題⑩

次のくずし字を解読してください。

(1)

(2)

(3)

(4)

(5)

解　答

(1) 往来《おうらい》之もの難義《なんぎ》不相成《（あいならざる）》様ニとの御趣意

(2) 火之元大切ニ可仕《（つかまつるべき）》儀者平日とも入念申付

(3) 他行致し候ハ、五人組之内江申聞《もうしきかせ》

(4) 被　仰渡《（おおせわたされ）》之通り急度《きっと》相守外《ほか》差替之者

※「被」の次が一字あいているのは闕字（201ページ参照）

(5) 余力を以て家業を精出し家族を扶助

付録

旧字・異体字一覧

古文書解読のための基礎知識として、「ひらがなの変体仮名」・「旧字」・「異体字」の三つの習得は必須条件です。現代ひらがなや漢字では見られない字体ですから、これらに慣れていかないと解読はおぼつきません。

ここでは本書のいろいろなところで扱った「旧字」と「異体字」を付録として一覧にしましたので、繰り返し読み書きをしながら大いに活用してください。

「旧字」は八〇字、「異体字」は六〇字載せています。まだ他にも多くありますが、最低限この合計一四〇字は新字に直せるようにしてください。

付録：旧字80

獻	國	圍	繪	會
献	国	囲	絵	会
澤	藝	假	驛	擧
沢	芸	仮	駅	挙
辭	缺	氣	圓	當
辞	欠	気	円	当
鹽	檢	舊	應	價
塩	検	旧	応	価
實	縣	據	收	餘
実	県	拠	収	余
寫	效	經	覺	醫
写	効	経	覚	医
壽	號	區	畫	壹
寿	号	区	画	壱
證	聲	碎	學	賣
証	声	砕	学	売

邊	發	傳	寶	稱
辺	発	伝	宝	称
辨	濱	黨	團	條
弁	浜	党	団	条
萬	晝	處	癡	圖
万	昼	処	痴	図
搖	廣	燈	廳	濟
揺	広	灯	庁	済
豫	擴	貳	續	雙
予	拡	弐	続	双
亂	觸	擔	鐵	體
乱	触	担	鉄	体
龍	拂	拜	轉	對
竜	払	拝	転	対
禮	變	勵	點	臺
礼	変	励	点	台

付録：異体字60

〓	叅	〓	乐	〓
召	参	形	楽	異
〓	〓	〓	㐂	〓
承	旨	兼	喜	違
軄	帋	釼	〓	貟
職	紙	剣	忝	員
敉	叓	〓	弃	〓
数	事	弘	棄	因
〓	时	囻	糺	壬
盛	時	国	糾	閏《うるう》
〓	尔	〓	〓	徃
段	爾	再	魚	往
〓	〓	㝡	〓	觧
慥	執	最	興	解
耻	〓	灾	駈	〓
恥	秋	災	駆	怪

朔
朔
庭
庭
朩
等
迯
逃
乆
頭
坣
堂
䧺
難
秊
年

畢
畢
貟
負
了
部
凢
凡
迠
迄
脉
脈
䋄
網
壄
野

伇
役
苶
薬
羪
養
尅
刻

小林正博　こばやし・まさひろ

一九五一年東京都生まれ。博士（文学）。現在、一般社団法人古文書解読検定協会代表理事、東洋哲学研究所特任研究員、日本古文書学会会員、東京富士美術館評議員、学園都市大学古文書研究会顧問。生涯学習インストラクター古文書１級、博物館学芸員、図書館司書。著書に『日蓮の真筆文書をよむ』（第三文明社）、『実力判定　古文書解読力』（柏書房）、『読み書きで楽しく学ぶ　くずし字入門』（宝島社）、『読めれば楽しい！　古文書入門』『これなら読める！　くずし字・古文書入門』『楽しく学べる！　くずし字・古文書パズル』①〜②（小社刊）など。

潮新書 055

ここからはじめよう！ くずし字・古文書入門

2023年 7月5日 初版発行

著 者｜ 小林正博
発行者｜ 南 晋三
発行所｜ 株式会社潮出版社
〒102-8110
東京都千代田区一番町6 一番町SQUARE
電話 ■ 03-3230-0781（編集）
■ 03-3230-0741（営業）
振替口座 ■ 00150-5-61090

印刷・製本｜株式会社暁印刷
ブックデザイン｜Malpu Design

ISBN978-4-267-02395-8 C1221